2013

中国知识产权统计年报

China Intellectual Property Statistical Yearbook 2013

国家知识产权局

知识产权出版社
全国百佳图书出版单位

图书在版编目（CIP）数据

中国知识产权统计年报2013 / 国家知识产权局.—北京：知识产权出版社，2014.10

ISBN 978-7-5130-3010-6

Ⅰ.①中… Ⅱ.①国… Ⅲ.①知识产权—统计资料—中国—2013—年报 Ⅳ.①D923.4-66

中国版本图书馆CIP数据核字（2014）第217574号

内容提要

本年报由国家知识产权局汇编，汇集了我国知识产权领域的年度统计数据，全面反映了我国知识产权领域每年的发展状况。本年报涵盖专利、商标、版权、计算机软件、集成电路布图设计、农业植物新品种、林业植物新品种、海关知识产权保护、知识产权司法保护等方面的内容。本书可供广大知识产权界业内人士、各级领导干部、企事业单位管理人员、科研人员、高等院校师生等参考阅读。

责任编辑：张锦锐　牛洁颖　崔开丽　　　　责任校对：董志英

责任出版：刘译文

中国知识产权统计年报2013

Zhongguo Zhishichanquan Tongji Nianbao 2013

国家知识产权局

出版发行：知识产权出版社有限责任公司　　网　址：http：//www.ipph.cn

社　址：北京市海淀区马甸南村1号　　邮　编：100088

责编电话：010-82000860 转 8109　　责编邮箱：niujieying@sina.com

发行电话：010-82000860 转 8101/8102　　发行传真：010-82000893/82005070/82000270

印　刷：北京科信印刷有限公司　　经　销：各大网络书店、新华书店及相关销售网点

开　本：889mm×1194mm　1/16　　印　张：9

版　次：2014 年 10 月第 1 版　　印　次：2014 年 10 月第 1 次印刷

字　数：300 千字　　定　价：60.00 元

ISBN 978-7-5130-3010-6

编写指导小组

组　　长　申长雨

副 组 长　甘绍宁　刘俊臣　阎晓宏

成　　员　（按姓氏笔画排序）

于慈珂　孔祥俊　石燕泉　白光清

许瑞表　陈旭东　胡章翠　龚亚麟

编辑委员会

主　　编　甘绍宁

副 主 编　龚亚麟　白光清　金泽俭

成　　员　（按姓氏笔画排序）

王晓浒　王润贵　庄培基　李群英

杨国鑫　段玉萍　夏君丽　寇建平

编辑人员

责任编辑　张锦锐　牛洁颖　崔开丽

特约编辑　（按姓氏笔画排序）

丁智勇　龙三群　刘　磊　刘　畅

张　博　何晓丹　张芬涛　徐一文

目　　录

I　专　　利

一、专利申请受理与授权状况

Ⅲ　版　　权

Ⅳ　集成电路布图设计

Ⅴ　农业植物新品种

Ⅵ　林业植物新品种

Ⅶ　海关知识产权保护

Ⅷ　知识产权司法保护

I

专　利

一、专利申请受理与授权状况

表1　国内外三种专利申请受理年度状况（1985.4 ~ 2013.12）　（单位：件）
Distribution of Annual Applications for Three Kinds of Patents
Received from Home and Abroad（1985.4-2013.12）　（unit:piece）

	年份 Year	合计 Total	发明 Invention	实用新型 Utility Model	外观设计 Design
合计 Total	1985~2008	4 833 509	1 617 744	1 691 169	1 524 596
	2009	976 686	314 573	310 771	351 342
	2010	1 222 286	391 177	409 836	421 273
	2011	1 633 347	526 412	585 467	521 468
	2012	2 050 649	652 777	740 290	657 582
	2013	2 377 061	825 136	892 362	659 563
国内 Domestic	1985~2008	4 008 328	905 968	1 678 876	1 423 484
	2009	877 611	229 096	308 861	339 654
	2010	1 109 428	293 066	407 238	409 124
	2011	1 504 670	415 829	581 303	507 538
	2012	1 912 151	535 313	734 437	642 401
	2013	2 234 560	704 936	885 226	644 398
国外 Foreign	1985~2008	825 181	711 776	12 293	101 112
	2009	99 075	85 477	1 910	11 688
	2010	112 858	98 111	2 598	12 149
	2011	128 677	110 583	4 164	13 930
	2012	138 498	117 464	5 853	15 181
	2013	142 501	120 200	7 136	15 165

表2　国内三种专利申请受理量（1985.4~2013.12）　（单位：件）
Distribution of Applications for Three Kinds of Patents Received from Home（1985.4-2013.12）　（unit:piece）

地区 Region	总累计 Total			2013年 Year 2013		
	发明 Invention	实用新型 Utility Model	外观设计 Design	发明 Invention	实用新型 Utility Model	外观设计 Design
总计 Total	3 084 208	4 595 941	3 966 599	704 936	885 226	644 398
北京 Beijing	349 439	253 607	66 403	67 554	47 586	8 196
天津 Tianjin	93 843	138 422	57 357	21 946	34 134	4835
河北 Hebei	40 862	106 465	31 076	7329	15 781	4509
山西 Shanxi	30 864	44 411	20 683	6025	7527	5307
内蒙古 Inner Mongolia	11 127	22 334	8405	1935	3213	1240
辽宁 Liaoning	115 606	188 325	61 194	25 292	18 077	2627
吉林 Jilin	30 960	50 380	14 003	4549	5141	1061
黑龙江 Heilongjiang	48 673	96 672	37 122	10 338	16 118	5808
上海 Shanghai	242 569	230 543	197 774	39 157	35 584	11 709
江苏 Jiangsu	491 555	539 485	1 129 790	141 259	128 898	234 343
浙江 Zhejiang	186 005	536 907	617 235	42 744	127 122	124 148
安徽 Anhui	86 740	154 480	87 360	34 857	45 148	13 348
福建 Fujian	46 953	118 463	98 412	9884	25 769	18 048
江西 Jiangxi	21 460	43 153	22 031	3931	7818	5189
山东 Shandong	216 956	431 784	192 194	67 642	73 862	13 666
河南 Henan	68 129	153 515	61 617	15 580	29 420	10 920
湖北 Hubei	80 845	149 271	88 694	18 189	26 163	6464

（续表 cont'd）

地区 Region	总累计 Total			2013年 Year 2013		
	发明 Invention	实用新型 Utility Model	外观设计 Design	发明 Invention	实用新型 Utility Model	外观设计 Design
湖南 Hunan	68 391	122 311	61 136	11 938	18 327	11 071
广东 Guangdong	371 632	501 755	726 259	68 990	93 592	101 683
广西 Guangxi	34 099	40 343	16 081	14 382	6755	2114
重庆 Chongqing	50 726	103 003	55 414	12 562	24 865	11 609
四川 Sichuan	90 790	160 542	149 478	23 510	33 488	25 455
贵州 Guizhou	18 659	29 717	20 162	3988	6456	6961
云南 Yunnan	22 765	32 048	16 356	3961	5705	1846
西藏 Tibet	595	446	842	92	57	54
陕西 Shaanxi	88 096	101 119	46 853	26 487	26 157	4643
甘肃 Gansu	17 341	24 075	6823	3735	5453	1788
青海 Qinghai	2407	2901	2096	520	364	215
宁夏 Ningxia	4958	6833	3814	1792	1187	251
新疆 Xinjiang	10 574	28 852	9221	2081	4620	1523
海南 Hainan	5631	5383	3923	921	994	444
香港 Hong Kong	8502	9183	23 484	957	775	1590
澳门 Macao	213	247	125	62	54	31
台湾 Taiwan	126 243	168 966	33 182	10 747	9016	1702
广州 Guangzhou	60 329	81 859	96 392	12 174	14 601	13 039
长春 Changchun	19 388	20801	7386	3398	3184	531
武汉 Wuhan	47 833	77 468	34 735	9735	14 048	1897
南京 Nanjing	82 752	60 087	64 127	22 482	15 054	17 599

（续表 cont'd）

地区 Region	总累计 Total			2013年 Year 2013		
	发明 Invention	实用新型 Utility Model	外观设计 Design	发明 Invention	实用新型 Utility Model	外观设计 Design
杭州 Hangzhou	72 149	115 679	87 281	14 054	25 419	18 734
西安 Xi'an	74 708	75 978	35 715	23 534	22 150	1427
济南 Jinan	41 583	74 376	25 023	11 344	10 051	1188
沈阳 Shenyang	40 095	59 967	17 983	7572	4647	971
成都 Chengdu	61 161	95 815	113 013	17 327	22 837	19 206
大连 Dalian	48 817	56 547	27 040	13 919	6783	674
厦门 Xiamen	13 348	28 344	18 259	2971	5781	2413
哈尔滨 Harbin	35 633	44 527	19 629	8724	8734	2766
深圳 Shenzhen	209 671	145 024	124 739	32 200	28 118	20 374
青岛 Qingdao	63 798	60 251	39 617	32 901	12 734	2975
宁波 Ningbo	33 140	118 734	157 452	9811	33 151	40 372
新疆建设兵团 Xinjiang Bingtuan	1093	1886	235	345	449	76

表3 国外三种专利申请受理量（1985.4~2013.12） （单位：件）

Foreign Applications for Three Kinds of Patents Received from Abroad（1985.4−2013.12） （unit：piece）

国家和地区 Country and Region	总累计 Total			2013年 Year 2013		
	发明 Invention	实用新型 Utility Model	外观设计 Design	发明 Invention	实用新型 Utility Model	外观设计 Design
总计 Total	1 243 611	33 954	169 225	120 200	7136	15 165
安道尔 Andorra	13	0	2	1	0	1
阿联酋 United Arab Emirates	49	9	148	12	6	15
阿富汗 Afghanistan	0	0	11	0	0	0
安提瓜和巴布达 Antigua and Barbuda	8	0	3	0	0	0
安圭拉 Anguilla	1	1	1	0	0	0
亚美尼亚 Armenia	4	0	1	0	0	0
荷属安的列斯群岛 Netherlands Antilles	304	0	11	7	0	0
安哥拉 Angola	0	0	0	0	0	0
阿根廷 Argentina	104	11	12	4	2	1
奥地利 Austria	5762	169	682	811	55	85
澳大利亚 Australia	8583	353	2244	641	48	187
阿鲁巴 Aruba	1	0	0	0	0	0
阿塞拜疆 Azerbaijan	5	0	0	0	0	0
波斯尼亚和黑塞哥维那 Bosnia and Herzegovina	1	0	0	1	0	0
巴巴多斯 Barbados	731	2	39	145	2	5

（续表 cont'd）

国家和地区 Country and Region	总累计 Total			2013年 Year 2013		
	发明 Invention	实用新型 Utility Model	外观设计 Design	发明 Invention	实用新型 Utility Model	外观设计 Design
孟加拉国 Bangladesh	1	0	3	1	0	0
比利时 Belgium	6146	72	544	642	19	37
保加利亚 Bulgaria	70	3	20	4	0	1
巴林 Bahrain	3	0	0	0	0	0
布隆迪 Burundi	1	0	0	0	0	0
贝宁 Benin	0	0	1	0	0	0
百慕大群岛 Bermuda	772	105	94	122	12	21
文莱 Brunei	35	33	20	1	4	0
玻利维亚 Bolivia	1	0	0	0	0	0
巴西 Brazil	1123	65	360	115	15	35
巴哈马 Bahamas	168	18	47	7	0	0
白俄罗斯 Belarus	19	3	6	0	0	0
伯利兹 Belize	19	29	10	2	4	8
加拿大 Canada	1 1163	350	1299	1037	36	164
中非 Central African	0	0	2	0	0	0
瑞士 Switzerland	3 2486	718	5636	3212	183	531
库克群岛 Cook Islands	4	1	13	1	1	0
智利 Chile	121	5	5	16	1	0

（续表 cont'd）

国家和地区 Country and Region	总累计 Total			2013年 Year 2013		
	发明 Invention	实用新型 Utility Model	外观设计 Design	发明 Invention	实用新型 Utility Model	外观设计 Design
喀麦隆 Cameroon	2	0	0	0	0	0
哥伦比亚 Colombia	47	3	13	5	1	0
哥斯达黎加 Costa Rica	6	0	1	3	0	1
斯洛伐克 Slovak	63	6	3	0	0	0
塞尔维亚和黑山 Serbia and Montenegro	2	0	0	0	0	0
古巴 Cuba	150	0	3	8	0	0
塞浦路斯 Cyprus	219	9	49	17	4	7
捷克 Czech	267	54	532	33	4	37
德国 Germany	119 735	2615	14 101	13 712	727	1486
丹麦 Denmark	7677	170	1536	840	47	174
多米尼克 Dominica	3	0	0	0	0	0
多米尼加 Dominican	3	2	0	1	2	0
阿尔及利亚 Algeria	5	1	0	0	0	0
厄瓜多尔 Ecuador	8	2	3	1	0	0
爱沙尼亚 Estonia	35	2	9	3	0	1
埃及 Egypt	24	5	21	1	0	0
西撒哈拉 Western Sahara	0	1	0	0	0	0
西班牙 Spain	3593	178	1585	378	18	137

（续表 cont'd）

国家和地区 Country and Region	总累计 Total			2013年 Year 2013		
	发明 Invention	实用新型 Utility Model	外观设计 Design	发明 Invention	实用新型 Utility Model	外观设计 Design
埃塞俄比亚 Ethiopia	0	0	0	0	0	0
芬兰 Finland	12 592	262	1502	1039	83	100
斐济 Fiji	1	8	1	0	0	0
马尔维纳斯群岛 Malvinas Islands	0	0	1	0	0	0
法国 France	45 126	1081	7069	4143	246	737
英国 U.K.	24 565	657	4328	1849	145	461
格林纳达 Grenada	1	0	0	0	0	0
格鲁吉亚 Georgia	6	0	3	0	0	0
直布罗陀 Gibraltar	22	0	1	1	0	0
希腊 Greece	212	2	34	9	0	4
危地马拉 Guatemala	1	0	0	0	0	0
洪都拉斯 Honduras	0	0	1	0	0	0
克罗地亚 Croatia	125	4	5	4	1	0
海地 Haiti	0	0	1	0	0	0
匈牙利 Hungary	852	11	28	30	1	2
印度尼西亚 Indonesia	71	25	127	8	1	4
爱尔兰 Ireland	1546	45	177	193	5	15
以色列 Israel	4844	165	544	530	30	109

（续表 cont'd）

国家和地区 Country and Region	总累计 Total			2013年 Year 2013		
	发明 Invention	实用新型 Utility Model	外观设计 Design	发明 Invention	实用新型 Utility Model	外观设计 Design
印度 India	2107	31	323	279	8	15
伊拉克 Iraq	3	2	2	0	2	0
伊朗 Iran	11	3	6	1	0	0
冰岛 Iceland	182	0	1	10	0	1
意大利 Italy	15 656	449	5926	1318	70	604
泽西岛 Jersey Island	7	0	0	0	0	0
牙买加 Jamaica	2	0	1	0	0	0
约旦 Jordan	14	6	4	5	0	0
日本 Japan	442 620	12 179	61 407	41 193	3048	4296
肯尼亚 Kenya	4	0	1	1	0	0
吉尔吉斯斯坦 Kyrgyzstan	5	0	0	0	0	0
圣基茨和尼维斯 Saint Kitts and Nevis	5	1	0	1	1	0
朝鲜 D.P.R.K.	22	2	0	2	0	0
韩国 Korea	99 974	2583	14 799	10 866	253	1797
科威特 Kuwait	14	0	2	2	0	0
开曼群岛 Cayman Islands	2904	218	441	611	39	49
哈萨克斯坦 Kazakhstan	26	7	0	5	0	0
黎巴嫩 Lebanon	8	9	5	1	1	2

（续表 cont'd）

国家和地区 Country and Region	总累计 Total			2013年 Year 2013		
	发明 Invention	实用新型 Utility Model	外观设计 Design	发明 Invention	实用新型 Utility Model	外观设计 Design
列支敦士登 Liechtenstein	1113	6	511	79	2	24
斯里兰卡 Sri Lanka	16	2	34	3	0	0
利比里亚 Liberia	2	0	1	0	0	0
莱索托 Lesotho	0	1	0	0	0	0
立陶宛 Lithuania	6	1	5	2	1	0
卢森堡 Luxembourg	1181	89	274	139	7	81
拉脱维亚 Latvia	48	2	7	5	0	0
摩洛哥 Morocco	11	2	8	1	0	1
摩纳哥 Monaco	114	1	19	7	0	1
摩尔多瓦 Moldova	2	0	1	0	0	0
马达加斯加 Madagascar	2	0	0	0	0	0
马绍尔群岛 Marshall Islands	8	1	0	2	0	0
马其顿 Macedonia	1	0	0	1	0	0
马里 Mali	29	4	0	6	0	0
蒙古 Mongolia	4	1	0	1	0	0
马耳他 Malta	86	1	8	10	1	3
毛里求斯 Mauritius	82	33	30	19	1	0
马尔代夫 Maldives	2	0	0	0	0	0

（续表 cont'd）

国家和地区 Country and Region	总累计 Total			2013年 Year 2013		
	发明 Invention	实用新型 Utility Model	外观设计 Design	发明 Invention	实用新型 Utility Model	外观设计 Design
马拉维 Malawi	2	0	0	0	0	0
墨西哥 Mexican	322	12	105	40	2	7
马来西亚 Malaysia	636	129	518	57	14	42
纳米比亚 Namibia	2	0	0	0	0	0
尼日尔 Niger	1	0	0	0	0	0
尼日利亚 Nigeria	3	3	7	0	3	2
荷兰 Netherlands	40 925	312	3930	2546	66	276
挪威 Norway	2760	15	293	237	4	27
尼泊尔 Nepal	0	2	1	0	0	0
新西兰 New Zealand	1158	39	254	116	6	35
阿曼 Oman	3	0	0	0	0	0
巴拿马 Panama	270	5	29	5	0	0
秘鲁 Peru	11	2	0	2	0	0
菲律宾 Philippines	39	19	30	3	1	1
巴基斯坦 Pakistan	9	2	6	2	2	0
波兰 Poland	339	12	127	77	1	3
波多黎各 Puerto Rico	12	1	3	5	0	0
葡萄牙 Portugal	202	3	62	29	0	3

（续表 cont'd）

国家和地区 Country and Region	总累计 Total			2013年 Year 2013		
	发明 Invention	实用新型 Utility Model	外观设计 Design	发明 Invention	实用新型 Utility Model	外观设计 Design
巴拉圭 Paraguay	0	0	1	0	0	0
卡塔尔 Qatar	1	0	2	0	0	1
罗马尼亚 Romania	29	1	6	4	0	0
塞尔维亚 Serbia	10	0	0	5	0	0
俄罗斯 Russia	1836	153	180	152	36	45
沙特阿拉伯 Saudi Arabia	293	7	306	53	1	4
塞舌尔 Seychelles	85	10	10	14	1	1
苏丹 Sudan	1	0	0	0	0	0
瑞典 Sweden	20 659	331	2285	1795	57	267
新加坡 Singapore	3542	318	1075	512	46	122
斯洛文尼亚 Slovenia	242	1	39	18	0	5
斯洛伐克 Slovakia	51	3	31	7	0	2
圣马力诺 San Marino	14	3	2	0	0	0
塞内加尔 Senegal	1	0	1	0	0	0
萨尔瓦多 Salvador	2	0	0	0	0	0
叙利亚 Syria	1	0	2	0	0	0
斯威士兰 Swaziland	1	0	0	0	0	0
特克斯和凯科斯群岛 Turks and Caicos Islands	0	0	1	0	0	0

（续表 cont'd）

国家和地区 Country and Region	总累计 Total			2013年 Year 2013		
	发明 Invention	实用新型 Utility Model	外观设计 Design	发明 Invention	实用新型 Utility Model	外观设计 Design
乍得 Chad	1	0	0	0	0	0
泰国 Thailand	203	91	308	15	7	12
突尼斯 Tunisia	13	0	2	5	0	0
土耳其 Turkey	429	61	357	79	4	57
特立尼达和多巴哥 Trinidad and Tobago	4	0	1	0	0	0
坦桑尼亚 Tanzania	0	1	1	0	1	1
乌克兰 Ukraine	96	19	5	10	11	1
乌干达 Uganda	0	0	2	0	0	0
美国 U.S.A.	310 567	8883	31 127	29 992	1658	2771
乌拉圭 Uruguay	19	3	0	0	0	0
乌兹别克斯坦 Uzbekistan	6	1	0	1	0	0
梵蒂冈 Vatican	2	0	0	0	0	0
圣文森特和格林纳丁斯 St.Vincent and the Grenadines	6	0	0	1	0	0
委内瑞拉 Venezuela	46	0	8	0	0	0
英属维尔京群岛 British Virgin Islands	1701	520	1222	179	63	201
越南 Viet Nam	16	3	34	3	0	8
瓦努阿图 Vanuatu	11	0	1	0	0	0
萨摩亚 Samoa	98	75	40	9	11	11

（续表 cont'd）

国家和地区 Country and Region	总累计 Total			2013年 Year 2013		
	发明 Invention	实用新型 Utility Model	外观设计 Design	发明 Invention	实用新型 Utility Model	外观设计 Design
也门 Yemen	0	0	5	0	0	1
南斯拉夫 Yugoslavia	31	0	8	0	0	0
南非 South Africa	1119	25	89	67	4	19
赞比亚 Zambia	2	0	0	0	0	0
津巴布韦 Zimbabwe	7	0	1	0	0	0

表4　国内外三种专利申请授权年度状况（1985.12~2013.12）　（单位：件）

Distribution of Annual Grants for Three Kinds of Patents Received from Home and Abroad（1985.12−2013.12）　（unit：piece）

	年份 Year	合计 Total	发明 Invention	实用新型 Utility Model	外观设计 Design
合计 Total	1985~2008	2 500 542	458 154	1 164 832	877 556
	2009	581 992	128 489	203 802	249 701
	2010	814 825	135 110	344 472	335 243
	2011	960 513	172 113	408 110	380 290
	2012	1 255 138	217 105	571 175	466 858
	2013	1 313 000	207 6 88	692 845	412 467
国内 Domestic	1985~2008	2 142 066	190 976	1 155 096	795 994
	2009	501 786	65 391	202 113	234 282
	2010	740 620	79 767	342 256	318 597
	2011	883 861	112 347	405 086	366 428
	2012	1 163 226	143 847	566 750	452 629
	2013	1 228 413	143 535	686 208	398 670
国外 Foreign	1985~2008	358 476	267 178	9736	81 562
	2009	80 206	63 098	1689	15 419
	2010	74 205	55 343	2216	16 646
	2011	76 652	59 766	3024	13 862
	2012	91 912	73 258	4425	14 229
	2013	84 587	64 153	6637	13 797

表5　国内三种专利申请授权量（1985.12 ~ 2013.12）　　（单位：件）
Distribution Grants for Three Kinds of Patents（1985.12–2013.12）（unit：piece）

地区 Region	总累计 Total			2013年 Year 2013		
	发明 Invention	实用新型 Utility Model	外观设计 Design	发明 Invention	实用新型 Utility Model	外观设计 Design
总计 Total	735 863	3 357 509	2 566 600	143 535	686 208	398 670
北京 Beijing	108 228	185 255	49 132	20 695	36 301	5675
天津 Tianjin	19 102	78 543	20 997	3141	18 759	2956
河北 Hebei	10 698	79 749	23 372	2008	13 038	3140
山西 Shanxi	7905	31 330	8063	1332	5708	1525
内蒙古 Inner Mongolia	2882	15 862	6292	549	2494	793
辽宁 Liaoning	24 305	134 664	23 616	3830	15 582	2244
吉林 Jilin	9322	35 476	8577	1496	3914	809
黑龙江 Heilongjiang	13 250	67 963	24 963	2238	12 435	5146
上海 Shanghai	60 894	179 499	132 807	10 644	29 859	8177
江苏 Jiangsu	68 810	383 678	664 299	16 790	98 246	124 609
浙江 Zhejiang	53 603	413 329	479 405	11 139	106 238	84 973
安徽 Anhui	13 367	109 264	53 203	4241	36 003	8605
福建 Fujian	12 130	91 126	75 496	2941	22 152	12 418
江西 Jiangxi	4639	30 176	15 004	923	5913	3134
山东 Shandong	37 953	322 699	85 716	8913	58 938	9125

（续表 cont'd）

地区 Region	总累计 Total			2013年 Year 2013		
	发明 Invention	实用新型 Utility Model	外观设计 Design	发明 Invention	实用新型 Utility Model	外观设计 Design
河南 Henan	15 071	108 162	34 028	3173	21 153	5156
湖北 Hubei	208 54	97 514	31 543	4052	19 655	5053
湖南 Hunan	18 275	85 983	35 471	3613	15 205	5574
广东 Guangdong	105 657	389 896	531 299	20 084	77 503	72 843
广西 Guangxi	4942	27 633	11 946	1295	5044	1545
重庆 Chongqing	10 496	65 134	37 580	2360	16 623	5845
四川 Sichuan	21 817	112 209	107 167	4566	24 730	16 875
贵州 Guizhou	4173	19 958	10 815	776	3916	3223
云南 Yunnan	7274	24 052	12 206	1312	4322	1170
西藏 Tibet	197	327	707	44	47	30
陕西 Shaanxi	19 006	62 430	14 296	4133	13 936	2767
甘肃 Gansu	3931	15 499	3657	785	3205	747
青海 Qinghai	571	2017	1464	91	285	126
宁夏 Ningxia	925	4935	2715	184	899	128
新疆 Xinjiang	2462	20 012	5629	540	3244	1214
海南 Hainan	1697	3507	3025	449	691	191
香港 Hong Kong	3028	8000	21 496	374	753	1170
澳门 Macao	51	177	115	18	40	35

（续表 cont'd）

地区 Region	总累计 Total			2013年 Year 2013		
	发明 Invention	实用新型 Utility Model	外观设计 Design	发明 Invention	实用新型 Utility Model	外观设计 Design
台湾 Taiwan	48 348	151 451	304 99	4806	9377	1649
广州 Guangzhou	19 430	62 433	70 712	4057	12 114	10 021
长春 Changchun	6304	15 155	3775	1167	2449	398
武汉 Wuhan	16 626	53 669	14 038	3171	11 015	1715
南京 Nanjing	21 740	42 218	21 953	4735	10 555	4275
杭州 Hangzhou	26 004	91 880	69 002	4915	23 130	13 466
西安 Xi'an	15 774	44 454	9140	3708	11 116	1426
济南 Jinan	9545	55 832	8014	2165	9330	910
沈阳 Shenyang	9689	41 147	9811	1574	4413	937
成都 Chengdu	14 493	66 490	83 105	3196	16 970	13 302
大连 Dalian	7720	38 389	5468	1331	5443	542
厦门 Xiamen	3870	23 442	15 354	890	5408	1950
哈尔滨 Harbin	10 117	30 189	11 391	1837	6312	2166
深圳 Shenzhen	64 807	114 960	97 235	10 987	23 244	15 554
青岛 Qingdao	7624	45 682	19 108	1930	9810	2121
宁波 Ningbo	9263	92 329	129 469	2246	28367	27 793
新疆建设兵团 Xinjiang Bingtuan	223	1462	142	79	385	15

表6　国外三种专利申请授权量（1985.12~2013.12）　　（单位：件）

Foreign Grants for Three Kinds of Patents（1985.12−2013.12）（unit：piece）

国家和地区 Country and Region	总累计 Total			2013年 Year 2013		
	发明 Invention	实用新型 Utility Model	外观设计 Design	发明 Invention	实用新型 Utility Model	外观设计 Design
总计 Total	582 796	27 727	155 515	64 153	6637	13 797
安道尔 Andorra	4	0	1	1	0	0
阿联酋 United Arab Emirates	13	3	129	3	1	8
阿富汗 Afghanistan	0	0	10	0	0	1
安提瓜和巴布达 Antigua and Barbuda	3	0	3	1	0	0
安圭拉 Anguilla	0	2	0	0	1	0
亚美尼亚 Armenia	1	0	1	0	0	0
荷属安的列斯群岛 Netherlands Antilles	195	0	9	10	0	0
阿根廷 Argentina	25	9	11	7	0	0
奥地利 Austria	2544	129	607	302	44	66
澳大利亚 Australia	3604	287	2050	366	46	172
阿塞拜疆 Azerbaijan	1	0	0	0	0	0
巴巴多斯 Barbados	236	3	29	55	1	8
孟加拉国 Bangladesh	0	0	2	0	0	0
比利时 Belgium	2838	51	511	410	10	74
保加利亚 Bulgaria	22	3	19	1	1	0
巴林 Bahrain	1	0	0	0	0	0

（续表 cont'd）

国家和地区 Country and Region	总累计 Total			2013年 Year 2013		
	发明 Invention	实用新型 Utility Model	外观设计 Design	发明 Invention	实用新型 Utility Model	外观设计 Design
贝宁 Benin	0	0	1	0	0	0
百慕大群岛 Bermuda	295	83	73	53	18	20
文莱 Brunei	17	26	25	1	2	0
巴西 Brazil	420	52	296	54	11	34
巴哈马 Bahamas	75	19	43	11	0	0
白俄罗斯 Belarus	8	0	6	0	0	0
伯利兹 Belize	3	29	10	0	6	8
加拿大 Canada	4529	302	1099	570	51	100
中非 Central African	0	0	2	0	0	0
瑞士 Switzerland	15 325	564	5205	1745	128	420
库克群岛 Cook Islands	4	0	15	1	0	0
智利 Chile	28	5	3	9	0	0
喀麦隆 Cameroon	1	0	0	0	0	0
哥伦比亚 Colombia	16	3	12	5	2	0
哥斯达黎加 Costa Rica	1	0	0	0	0	0
斯洛伐克 Slovak	23	6	3	0	0	0
古巴 Cuba	81	0	2	12	0	0
塞浦路斯 Cyprus	88	6	43	7	1	4
捷克 Czech	123	57	495	17	15	48
德国 Germany	52 800	2049	12 869	6589	580	1454

（续表 cont'd）

国家和地区 Country and Region	总累计 Total			2013年 Year 2013		
	发明 Invention	实用新型 Utility Model	外观设计 Design	发明 Invention	实用新型 Utility Model	外观设计 Design
丹麦 Denmark	3228	131	1419	431	20	178
多米尼加 Dominican	4	0	0	0	0	0
阿尔及利亚 Algeria	0	1	0	0	0	0
厄瓜多尔 Ecuador	2	1	3	1	0	0
爱沙尼亚 Estonia	7	2	8	0	0	2
埃及 Egypt	3	6	21	1	0	0
西班牙 Spain	1185	148	1390	170	14	95
芬兰 Finland	6154	216	1412	606	90	94
斐济 Fiji	0	8	1	0	0	0
马尔维纳斯群岛 Malvinas	0	0	1	0	0	0
法国 France	21 839	718	6454	2602	242	631
加蓬 Gabon	2	0	0	0	0	0
英国 U.K.	10 243	541	3947	1047	122	351
格鲁吉亚 Georgia	1	0	3	0	0	0
直布罗陀 Gibraltar	13	0	1	3	0	0
希腊 Greece	84	1	28	5	0	1
洪都拉斯 Honduras	0	0	1	0	0	0
克罗地亚 Croatia	55	5	5	0	2	0
海地 Haiti	0	0	1	0	0	0
匈牙利 Hungary	331	14	25	29	1	3

（续表 cont'd）

国家和地区 Country and Region	总累计 Total			2013年 Year 2013		
	发明 Invention	实用新型 Utility Model	外观设计 Design	发明 Invention	实用新型 Utility Model	外观设计 Design
印度尼西亚 Indonesia	24	18	119	4	2	6
爱尔兰 Ireland	574	34	159	110	4	6
以色列 Israel	1510	144	436	243	47	62
印度 India	666	23	301	99	3	16
伊拉克 Iraq	0	1	2	0	1	0
伊朗 Iran	2	3	3	0	0	0
冰岛 Iceland	93	0	0	19	0	0
意大利 Italy	7586	381	5259	830	57	576
泽西岛 Jersey Island	5	0	0	0	0	0
约旦 Jordan	2	5	4	0	0	0
日本 Japan	238 550	9911	58 412	22 609	3056	4165
肯尼亚 Kenya	0	0	1	0	0	0
吉尔吉斯斯坦 Kyrgyzstan	3	0	0	0	0	0
圣基茨和尼维斯 Saint Kitts and Nevis	1	0	0	1	0	0
朝鲜 D.P.R.K.	9	3	0	1	1	0
韩国 Korea	46 412	2230	13 597	4271	267	1493
科威特 Kuwait	6	0	2	0	0	0
开曼群岛 Cayman Islands	550	187	415	149	45	53
哈萨克斯坦 Kazakhstan	12	8	0	1	0	0
黎巴嫩 Lebanon	2	7	4	0	2	1

（续表 cont'd）

国家和地区 Country and Region	总累计 Total			2013年 Year 2013		
	发明 Invention	实用新型 Utility Model	外观设计 Design	发明 Invention	实用新型 Utility Model	外观设计 Design
列支敦士登 Liechtenstein	513	5	495	35	0	23
斯里兰卡 Sri Lanka	4	2	23	0	0	0
利比里亚 Liberia	2	0	1	0	0	0
莱索托 Lesotho	0	1	0	0	0	0
立陶宛 Lithuania	1	0	4	0	0	0
卢森堡 Luxembourg	563	73	216	97	1	46
拉脱维亚 Latvia	18	3	7	5	0	1
摩洛哥 Morocco	7	2	8	2	0	2
摩纳哥 Monaco	54	7	19	3	0	1
摩尔多瓦 Moldova	0	0	0	0	0	0
马达加斯加 Madagascar	2	0	0	0	0	0
马绍尔群岛 Marshall Islands	1	1	0	0	0	0
马里 Mali	1	3	0	0	0	0
蒙古 Mongolia	3	2	1	1	0	0
马耳他 Malta	44	0	3	16	0	0
毛里求斯 Mauritius	48	28	34	4	1	0
马尔代夫 Maldives	1	0	0	0	0	0
墨西哥 Mexican	133	9	94	39	1	6
马来西亚 Malaysia	202	111	455	30	8	25
纳米比亚 Namibia	1	0	0	0	0	0

（续表 cont'd）

国家和地区 Country and Region	总累计 Total			2013年 Year 2013		
	发明 Invention	实用新型 Utility Model	外观设计 Design	发明 Invention	实用新型 Utility Model	外观设计 Design
尼日利亚 Nigeria	0	0	6	0	0	1
荷兰 Netherlands	18 623	243	3592	1862	61	264
挪威 Norway	1309	10	253	153	1	19
尼泊尔 Nepal	0	2	1	0	1	0
新西兰 New Zealand	447	31	220	46	7	39
阿曼 Oman	1	0	0	0	0	0
巴拿马 Panama	220	5	30	11	0	8
秘鲁 Peru	1	2	0	0	2	0
菲律宾 Philippines	10	17	23	0	0	0
巴基斯坦 Pakistan	0	0	6	0	0	0
波兰 Poland	106	13	114	17	4	7
波多黎各 Puerto Rico	0	1	3	0	1	0
葡萄牙 Portugal	64	2	46	8	0	7
巴拉圭 Paraguay	0	0	1	0	0	0
卡塔尔 Qatar	0	0	1	0	0	1
罗马尼亚 Romania	12	1	6	2	0	0
塞尔维亚 Serbia	3	1	0	2	0	0
俄罗斯 Russia	611	153	147	41	26	30
沙特阿拉伯 Saudi Arabia	126	8	293	32	1	1
塞舌尔 Seychelles	18	7	10	5	3	1

（续表 cont'd）

国家和地区 Country and Region	总累计 Total			2013年 Year 2013		
	发明 Invention	实用新型 Utility Model	外观设计 Design	发明 Invention	实用新型 Utility Model	外观设计 Design
瑞典 Sweden	10 402	276	2074	1158	66	241
新加坡 Singapore	1242	269	964	168	58	108
斯洛文尼亚 Slovenia	98	1	34	11	0	3
斯洛伐克 Slovakia	20	3	29	2	0	1
圣马力诺 San Marino	5	3	2	2	0	0
塞内加尔 Senegal	0	0	1	0	0	0
萨尔瓦多 Salvador	1	0	0	0	0	0
叙利亚 Syria	1	0	2	0	0	0
斯威士兰 Swaziland	1	0	0	0	0	0
特克斯和凯科斯群岛 Turks and Caicos Islands	0	0	1	0	0	1
泰国 Thailand	60	69	281	4	3	13
突尼斯 Tunisia	1	0	2	0	0	0
土耳其 Turkey	170	51	315	29	10	42
特立尼达和多巴哥 Trinidad and Tobago	3	0	1	0	0	0
坦桑尼亚 Tanzania	0	0	0	0	0	0
乌克兰 Ukraine	39	11	2	2	5	1
乌干达 Uganda	0	0	2	0	0	0
美国 U.S.A.	123 852	7341	27 514	16 674	1406	2586
乌拉圭 Uruguay	8	1	1	0	0	0
乌兹别克斯坦 Uzbekistan	3	1	0	0	0	0

（续表 cont'd）

国家和地区 Country and Region	总累计 Total			2013年 Year 2013		
	发明 Invention	实用新型 Utility Model	外观设计 Design	发明 Invention	实用新型 Utility Model	外观设计 Design
圣文森特和格林纳丁斯 St.Vincent and the Grenadines	4	0	0	1	0	0
委内瑞拉 Venezuela	32	0	6	1	0	0
英属维尔京群岛 British Virgin Islands	696	431	997	173	65	124
越南 Viet Nam	3	3	31	1	0	14
瓦努阿图 Vanuatu	5	0	0	0	0	0
萨摩亚 Samoa	17	69	34	7	10	5
也门 Yemen	0	0	4	0	0	0
南斯拉夫 Yugoslavia	16	0	7	0	0	0
南非 South Africa	483	20	80	47	2	26
津巴布韦 Zimbabwe	3	0	1	0	0	0

表7 国内外三种专利有效状况（2013.12） （单位：件）

Distribution of Patents in Force for Three Kinds Received from Home and Abroad（2013.12） （unit：piece）

	年份 Year	合计 Total	发明 Invention	实用新型 Utility Model	外观设计 Design
合计 Total	2009	1 520 023	438 036	565 804	516 183
	2010	2 216 082	564 760	857 968	793 354
	2011	2 739 906	696 939	1 120 596	922 371
	2012	3 508 561	875 385	1 501 044	1 132 132
	2013	4 195 139	1 033 908	1 936 789	1 224 442
国内 Domestic	2009	1 193 110	180 042	558 791	454 277
	2010	1 825 403	257 893	849 454	718 056
	2011	2 303 015	351 288	1 109 958	841 769
	2012	3 005 023	473 187	1 486 839	1 044 997
	2013	3 635 929	586 493	1 917 122	1 132 314
国外 Foreign	2009	326 913	257 994	7013	61 906
	2010	390 679	306 867	8514	75 298
	2011	436 891	345 651	10 638	80 602
	2012	503 538	402 198	14 205	87 135
	2013	559 210	447 415	19 667	92 128

*有效量：报告期末处于专利权维持状态的案卷数量。统计范围为：发明、实用新型、外观设计。与申请量和授权量不同，有效量是存量数据而非流量数据。

表8　国内三种专利有效量（2013.12）　　（单位：件）
Domestic Patents in Force for Three Kinds（2013.12）　（unit：piece）

地区 Region	2013年 Year 2013			
	合计 Total	发 明 Invention	实用新型 Utility Model	外观设计 Design
总计 Total	3 635 929	586 493	1 917 122	1 132 314
北京 Beijing	219 243	85 434	109 706	24 103
天津 Tianjin	68 540	12 301	46 746	9493
河北 Hebei	54 781	7404	37 393	9984
山西 Shanxi	25 037	5250	16 202	3585
内蒙古 Inner Mongolia	11 421	2114	6623	2684
辽宁 Liaoning	74 134	16 092	49 623	8419
吉林 Jilin	21 926	5676	12 876	3374
黑龙江 Heilongjiang	55 316	8495	30 798	16 023
上海 Shanghai	194 496	48 370	109 588	36 538
江苏 Jiangsu	616 779	62 112	255 399	299 268
浙江 Zhejiang	552 681	43 275	271 502	237 904
安徽 Anhui	119 704	11 566	81 319	26 819
福建 Fujian	107 246	10 429	62 506	34 311
江西 Jiangxi	26 037	3354	15 159	7524
山东 Shandong	206 983	27 996	148 414	30 573
河南 Henan	84 420	11 249	58 187	14 984

（续表 cont'd）

地区 Region	2013年 Year 2013			
	合计 Total	发 明 Invention	实用新型 Utility Model	外观设计 Design
湖北 Hubei	82 392	15 235	54 192	12 965
湖南 Hunan	75 530	14 195	44 376	16 959
广东 Guangdong	586 592	95 475	258 149	232 968
广西 Guangxi	22 038	3692	13 157	5189
重庆 Chongqing	66 208	8609	39 419	18 180
四川 Sichuan	119 531	16 677	61 260	41 594
贵州 Guizhou	21 835	3262	11 812	6761
云南 Yunnan	21 837	5160	12 233	4444
西藏 Tibet	527	184	116	227
陕西 Shaanxi	55 310	14 394	34 665	6251
甘肃 Gansu	12 459	2714	7998	1747
青海 Qinghai	1588	364	754	470
宁夏 Ningxia	3277	603	2188	486
新疆 Xinjiang	13 594	1756	9191	2647
海南 Hainan	3948	1498	1645	805
香港 Hong Kong	11 825	2338	3545	5942
澳门 Macao	176	43	82	51
台湾 Taiwan	98 518	39 177	50 299	9042

（续表 cont'd）

地区 Region	2013年 Year 2013			
	合计 Total	发 明 Invention	实用新型 Utility Model	外观设计 Design
广州 Guangzhou	85 073	15 554	38 278	31 241
长春 Changchun	14 287	4182	8189	1916
武汉 Wuhan	48 748	12 233	31 189	5326
南京 Nanjing	58 377	17 218	29 149	12 010
杭州 Hangzhou	119 374	20 499	61 856	37 019
西安 Xi'an	43 669	12 431	27 517	3721
济南 Jinan	36 900	7033	26 275	3592
沈阳 Shenyang	24 472	6330	14 349	3793
成都 Chengdu	82 816	11 681	40 498	30 637
大连 Dalian	23 373	5600	15 908	1865
厦门 Xiamen	27 882	3364	17 027	7491
哈尔滨 Harbin	28 542	6785	14 847	6910
深圳 Shenzhen	201 333	62 293	85 996	53 044
青岛 Qingdao	40 491	6254	26 538	7699
宁波 Ningbo	156 110	7961	67 620	80 529
新疆建设兵团 Xinjiang Bingtuan	1370	213	1066	91

表9　国外三种专利有效量（2013.12）　　（单位：件）

Foreign Patents in Force for Three Kinds（2013.12）　　（unit：piece）

国家和地区 Country and Region	2013年 Year 2013			
	合计 Total	发明 Invention	实用新型 Utility Model	外观设计 Design
合计 Total	559 210	447 415	19 667	92 128
安道尔 Andorra	6	6	0	0
阿联酋 United Arab Emirates	53	24	4	25
阿富汗 Afghanistan	9	0	0	9
安提瓜和巴布达 Antigua and Barbuda	7	4	0	3
安圭拉 Anguilla	3	1	2	0
亚美尼亚 Armenia	2	1	0	1
荷属安的列斯 Netherlands Antilles	96	93	0	3
阿根廷 Argentina	25	21	2	2
奥地利 Austria	2456	1955	113	388
澳大利亚 Australia	3652	2209	165	1278
阿塞拜疆 Azerbaijan	1	1	0	0
波斯尼亚和黑赛哥维那 Bosnia and Herzegovina	1	1	0	0
巴巴多斯 Barbados	286	259	3	24
比利时 Belgium	2597	2254	40	303

（续表 cont'd）

国家和地区 Country and Region	2013年 Year 2013			
	合计 Total	发明 Invention	实用新型 Utility Model	外观设计 Design
保加利亚 Bulgaria	15	12	1	2
巴林 Bahrain	3	3	0	0
贝宁 Benin	1	0	0	1
百慕大群岛 Bermuda	421	292	63	66
文莱 Brunei	61	21	21	19
巴西 Brazil	546	311	38	197
巴哈马 Bahamas	96	69	5	22
伯利兹 Belize	30	5	15	10
加拿大 Canada	4667	3668	188	811
瑞士 Switzerland	15 022	11 426	534	3062
库克群岛 Cook Islands	25	5	0	20
智利 Chile	27	23	3	1
喀麦隆 Cameroon	1	1	0	0
哥伦比亚 Colombia	19	12	2	5
古巴 Cuba	66	66	0	0
塞浦路斯 Cyprus	71	48	2	21
捷克 Czech	467	98	38	331

（续表 cont'd）

国家和地区 Country and Region	2013年 Year 2013			
	合计 Total	发明 Invention	实用新型 Utility Model	外观设计 Design
德国 Germany	51 117	39 804	1771	9542
丹麦 Denmark	3372	2437	74	861
多米尼加 Dominican	3	3	0	0
阿尔及利亚 Algeria	0	0	0	0
厄瓜多尔 Ecuador	6	3	0	3
爱沙尼亚 Estonia	10	6	0	4
埃及 Egypt	25	3	2	20
西班牙 Spain	1593	794	82	717
芬兰 Finland	5459	4450	194	815
法国 France	20 492	16 026	647	3819
英国 U.K.	8769	6412	333	2024
格鲁吉亚 Georgia	3	0	0	3
直布罗陀 Gibraltar	15	14	0	1
希腊 Greece	79	54	1	24
克罗地亚 Croatia	11	8	2	1
匈牙利 Hungary	175	142	13	20
印度尼西亚 Indonesia	68	14	7	47

（续表 cont'd）

国家和地区 Country and Region	2013年 Year 2013			
	合计 Total	发明 Invention	实用新型 Utility Model	外观设计 Design
爱尔兰 Ireland	568	495	15	58
以色列 Israel	1518	1112	133	273
印度 India	632	518	14	100
伊拉克 Iraq	4	0	2	2
伊朗 Iran	5	1	3	1
冰岛 Iceland	78	78	0	0
意大利 Italy	8789	5338	248	3203
泽西岛 Jersey Island	3	3	0	0
约旦 Jordan	2	0	1	1
日本 Japan	230 917	190 007	6943	33 967
吉尔吉斯斯坦 Kyrgyzstan	2	2	0	0
圣基茨和尼维斯 Saint Kitts and Nevis	2	2	0	0
朝鲜 D.P.R.K.	5	4	1	0
韩国 Korea	44 865	36 372	991	7502
科威特 Kuwait	3	2	0	1
开曼群岛 Cayman Islands	1597	955	260	382
哈萨克斯坦 Kazakhstan	14	10	4	0

（续表 cont'd）

国家和地区 Country and Region	2013年 Year 2013			
	合计 Total	发明 Invention	实用新型 Utility Model	外观设计 Design
黎巴嫩 Lebanon	11	0	7	4
圣卢西亚 Saint Lucia	2	2	0	0
列支敦士登 Liechtenstein	544	349	1	194
斯里兰卡 Sri Lanka	2	1	1	0
立陶宛 Lithuania	3	1	0	2
卢森堡 Luxembourg	1050	835	54	161
拉脱维亚 Latvia	24	15	2	7
摩洛哥 Morocco	10	7	0	3
摩纳哥 Monaco	49	34	0	15
马达加斯加 Madagascar	2	2	0	0
马绍尔群岛 Marshall Islands	1	1	0	0
马里 Mali	2	0	2	0
蒙古 Mongolia	1	1	0	0
马耳他 Malta	46	46	0	0
毛里求斯 Mauritius	67	45	11	11
墨西哥 Mexican	235	163	6	66
马来西亚 Malaysia	532	184	64	284

（续表 cont'd）

国家和地区 Country and Region	2013年 Year 2013			
	合计 Total	发明 Invention	实用新型 Utility Model	外观设计 Design
尼日利亚 Nigeria	3	0	0	3
荷兰 Netherlands	14 344	12 230	199	1915
挪威 Norway	1033	863	8	162
尼泊尔 Nepal	3	0	2	1
新西兰 New Zealand	458	310	15	133
阿曼 Oman	0	0	0	0
巴拿马 Panama	189	163	3	23
秘鲁 Peru	2	0	2	0
菲律宾 Philippines	56	44	1	11
巴基斯坦 Pakistan	1	0	0	1
波兰 Poland	154	62	7	85
波多黎各 Puerto Rico	4	0	1	3
葡萄牙 Portugal	90	65	1	24
卡塔尔 Qatar	1	0	0	1
罗马尼亚 Romania	11	5	1	5
塞尔维亚 Serbia	3	3	0	0
俄罗斯 Russia	502	310	91	101

（续表 cont'd）

国家和地区 Country and Region	2013年 Year 2013			
	合计 Total	发明 Invention	实用新型 Utility Model	外观设计 Design
沙特阿拉伯 Saudi Arabia	298	110	4	184
塞舌尔 Seychelles	42	29	5	8
瑞典 Sweden	9631	8043	228	1360
新加坡 Singapore	1984	1294	191	499
斯洛文尼亚 Slovenia	86	68	1	17
斯洛伐克 Slovakia	41	14	2	25
圣马力诺 San Marino	6	3	0	3
塞内加尔 Senegal	1	0	0	1
萨尔瓦多 Salvador	1	1	0	0
叙利亚 Syria	2	0	0	2
特克斯和凯科斯群岛 Turks and Caicos Islands	1	0	0	1
泰国 Thailand	148	39	21	88
突尼斯 Tunisia	1	1	0	0
汤加 Tonga	0	0	0	0
土耳其 Turkey	410	152	37	221
特立尼达和多巴哥 Trinidad and Tobago	3	3	0	0
乌克兰 Ukraine	24	14	8	2

（续表 cont'd）

国家和地区 Country and Region	2013年 Year 2013			
	合计 Total	发明 Invention	实用新型 Utility Model	外观设计 Design
美国 U.S.A.	113 761	92 684	5313	15 764
乌拉圭 Uruguay	4	4	0	0
乌兹别克斯坦 Uzbekistan	2	1	1	0
圣文森特和格林纳丁斯 St.Vincent and the Grenadines	4	4	0	0
委内瑞拉 Venezuela	18	17	0	1
英属维尔京群岛 British Virgin Islands	1653	705	317	631
越南 Viet Nam	32	3	3	26
萨摩亚 Samoa	255	167	60	28
也门 Yemen	4	0	0	4
南斯拉夫 Yugoslavia	2	2	0	0
南非 South Africa	423	354	16	53
津巴布韦 Zimbabwe	1	1	0	0
百慕大群岛 Bermuda	3	3	0	0

表10　国际申请业务进展统计表（1985.4~2013.12）　（单位：件）
Statistics of PCT International Applications（1985.4-2013.12）（unit：piece）

项目 Item	总累计 Total	2013年 Year2013
收到国际申请 International Applications Received	106 396	22 924
寄出国际申请登记本 Record Copies Delivered by SIPO	104 781	22 633
收到国际申请检索本 International Search Copies Received by SIPO	107 781	22 657
寄出国际检索报告 International Search Reports Delivered by SIPO	92757	20 374
收到国际初步审查要求书 Demands of International Preliminary Examination Received by SIPO	6911	364
寄出国际初步审查报告 International Preliminary Examination Reports Delivered by SIPO	6693	383
进入中国国内阶段的国际申请（发明） International Applications Entering Chinese National Phase （Invention）	682 309	72 867
进入中国国内阶段的国际申请（实用新型） International Applications Entering Chinese National Phase （Utility Model）	2504	716

二、专利行政执法

表11　2013年各地区管理专利工作的部门专利执法统计表　（单位：件）
Patent Enforcement of the Administrative Authorities for Patent Affairs in 2013
（unit：piece）

地区 Regions	类别 Types / 时间 Year	侵权纠纷 Infringement Dispute		其他纠纷 Other Issues		查处假冒专利案件 Punishment of Pass–off of Patents
		立案 Entertained	结案 Closed	立案 Entertained	结案 Closed	结案 Closed
合计 Total	总累计 Accumulated Number	25 043	19 607	2996	2464	34 583
	2013	4684	3536	372	348	11 171
北京 Beijing	总累计 Accumulated Number	581	485	224	221	338
	2013	75	43	0	0	97
天津 Tianjin	总累计 Accumulated Number	188	163	28	26	601
	2013	6	6	2	2	135
河北 Hebei	总累计 Accumulated Number	602	473	95	95	1074
	2013	155	84	6	6	87
山西 Shanxi	总累计 Accumulated Number	103	81	51	38	78
	2013	23	19	0	1	8
内蒙古 Inner Mongolia	总累计 Accumulated Number	129	116	11	11	1083
	2013	4	4	0	0	211
辽宁 Liaoning	总累计 Accumulated Number	399	382	178	146	919
	2013	15	13	3	3	390
吉林 Jilin	总累计 Accumulated Number	218	165	56	48	202
	2013	51	2	0	0	9
黑龙江 Heilongjiang	总累计 Accumulated Number	434	390	177	159	289
	2013	27	19	59	58	142
上海 Shanghai	总累计 Accumulated Number	669	638	68	69	242
	2013	99	96	0	0	22

（续表 cont'd）

地区 Regions	类别 Types / 时间 Year	侵权纠纷 Infringement Dispute		其他纠纷 Other Issues		查处假冒专利案件 Punishment of Pass–off of Patents
		立案 Entertained	结案 Closed	立案 Entertained	结案 Closed	结案 Closed
江苏 Jiangsu	总累计 Accumulated Number	1578	1089	158	138	4407
	2013	385	268	29	16	1979
浙江 Zhejiang	总累计 Accumulated Number	2731	2309	359	287	492
	2013	376	315	219	219	191
安徽 Anhui	总累计 Accumulated Number	434	308	29	22	1053
	2013	101	70	5	5	169
福建 Fujian	总累计 Accumulated Number	623	477	39	39	779
	2013	93	74	2	2	431
江西 Jiangxi	总累计 Accumulated Number	364	208	39	26	699
	2013	54	51	4	0	166
山东 Shandong	总累计 Accumulated Number	2478	2000	185	176	6319
	2013	296	275	17	17	1458
河南 Henan	总累计 Accumulated Number	1640	981	130	80	1430
	2013	227	165	3	0	698
湖北 Hubei	总累计 Accumulated Number	1028	831	189	141	1329
	2013	220	164	1	1	492
湖南 Hunan	总累计 Accumulated Number	1007	784	250	222	4920
	2013	124	82	8	6	2399
广东 Guangdong	总累计 Accumulated Number	6291	4903	209	182	2331
	2013	1851	1399	6	4	435
广西 Guangxi	总累计 Accumulated Number	163	137	54	37	93
	2013	6	4	0	0	49
海南 Hainan	总累计 Accumulated Number	91	87	9	8	232
	2013	2	1	0	0	53

（续表 cont'd）

地区 Regions	类别 Types / 时间 Year	侵权纠纷 Infringement Dispute		其他纠纷 Other Issues		查处假冒专利案件 Punishment of Pass-off of Patents
		立案 Entertained	结案 Closed	立案 Entertained	结案 Closed	结案 Closed
重庆 Chongqing	总累计 Accumulated Number	249	182	151	43	161
	2013	94	45	0	0	45
四川 Sichuan	总累计 Accumulated Number	983	835	143	118	1253
	2013	104	76	7	7	424
贵州 Guizhou	总累计 Accumulated Number	172	119	25	21	1120
	2013	8	7	0	0	355
云南 Yunnan	总累计 Accumulated Number	256	187	29	22	591
	2013	27	2	0	0	73
西藏 Tibet	总累计 Accumulated Number	11	9	0	0	10
	2013	0	0	0	0	0
陕西 Shaanxi	总累计 Accumulated Number	325	249	31	28	1115
	2013	73	85	1	1	318
甘肃 Gansu	总累计 Accumulated Number	230	145	25	18	138
	2013	28	25	0	0	119
青海 Qinghai	总累计 Accumulated Number	23	20	9	10	64
	2013	0	0	0	0	0
宁夏 Ningxia	总累计 Accumulated Number	177	162	27	18	97
	2013	0	0	0	0	13
新疆 Xinjiang	总累计 Accumulated Number	866	692	18	15	1124
	2013	160	142	0	0	203

三、中国专利金奖

表12　中国专利金奖分布统计表　（单位：件）
Statistics of Distribution of China Patent Gold Awards（unit：piece）

地区 Region	总计 Total	第十五届 the 15th
总计 Total	212	20
北京 Beijing	57	4
天津 Tianjin	5	0
河北 Hebei	3	0
辽宁 Liaoning	9	1
吉林 Jilin	2	0
黑龙江 Heilongjiang	3	0
上海 Shanghai	16	2
江苏 Jiangsu	13	1
浙江 Zhejiang	5	0
安徽 Anhui	5	2
福建 Fujian	2	0
山东 Shandong	11	1
河南 Henan	7	1

（续表 cont'd）

地区 Region	总计 Total	第十五届 the 15th
湖北 Hubei	5	0
湖南 Hunan	7	0
广东 Guangdong	28	4
广西 Guangxi	1	0
海南 Hainan	3	0
重庆 Chongqing	5	0
四川 Sichuan	5	2
贵州 Guizhou	2	0
云南 Yunnan	3	0
陕西 Shaanxi	12	2
甘肃 Gansu	1	0
青海 Qinghai	1	0
宁夏 Ningxia	1	0

（本统计数据由国家知识产权局规划发展司计划统计处提供）

Ⅱ

商　标

一、商标申请与注册

表1　2013年度商标申请/注册概况表　　（单位：件）

Statistics of Trademark Applications/Registrations in 2013　（unit：piece）

<table>
<tr><th>项目
Item</th><th>国内
Domestic</th><th>国际
International</th><th>马德里
Madrid</th><th>合计
Total</th></tr>
<tr><td>申请商标
Applications Filed for Registration</td><td>1733 361</td><td>95 177</td><td>53 008</td><td>188 1546</td></tr>
<tr><td>续展申请
Applications Filed for Renewal</td><td>99 786</td><td>13 528</td><td>6010</td><td>119 324</td></tr>
<tr><td>异议申请
Applications Filed for Opposition</td><td>20 901</td><td>13 382</td><td>384</td><td>34 667</td></tr>
<tr><td>变更申请
Modification Applications</td><td>147 645</td><td>26 765</td><td>2829</td><td>177 239</td></tr>
<tr><td>转让申请
Assignment Applications</td><td>97 657</td><td>13 658</td><td>2049</td><td>113 364</td></tr>
<tr><td>注销申请
Annulment Applications</td><td colspan="2">6508</td><td rowspan="2">2278</td><td rowspan="2">21 414</td></tr>
<tr><td>撤销申请
Cancellation Applications</td><td colspan="2">12 628</td></tr>
<tr><td>许可合同备案申请
Applications for Recordal of License Contracts</td><td colspan="3">29 438</td><td>29 438</td></tr>
<tr><td>注册商标
Registrations Approved</td><td>90 9541</td><td>59 496</td><td>27 687</td><td>996 724</td></tr>
<tr><td>审定商标
Trademarks Preliminarily Approved</td><td colspan="2">908 878</td><td>27 872</td><td>936 750</td></tr>
<tr><td>核驳商标
Trademarks Refused</td><td colspan="2">251 498</td><td>10 687</td><td>262 185</td></tr>
<tr><td>部分核驳商标
Trademarks Partly Refused</td><td colspan="2">221560</td><td>4184</td><td>225 744</td></tr>
<tr><td>变更注册商标
Registered Trademarks Modified</td><td colspan="2">172 914</td><td>9077</td><td>181 991</td></tr>
<tr><td>转让注册商标
Registered Trademarks Assigned</td><td colspan="2">111 038</td><td>3569</td><td>114 607</td></tr>
</table>

（续表 cont'd）

<table>
<tr><th>项目
Item</th><th>国内
Domestic</th><th>国际
International</th><th>马德里
Madrid</th><th>合计
Total</th></tr>
<tr><td>续展注册商标
Registered Trademarks Renewed</td><td colspan="2">116 621</td><td>6064</td><td>122 685</td></tr>
<tr><td>注销注册商标
Registered Trademarks Annulled</td><td colspan="2">110 186</td><td rowspan="2">7502</td><td rowspan="2">123 415</td></tr>
<tr><td>撤销注册商标
Registered Trademarks Cancelled</td><td colspan="2">5727</td></tr>
<tr><td>许可合同备案办理
Recordal of License Contract Handled</td><td colspan="3">34 998</td><td>34 998</td></tr>
<tr><td>补发商标注册证
Re-issuance of Registration Certificates</td><td colspan="3">10 680</td><td>10 680</td></tr>
</table>

Ⅱ

表2　2013年度各省、自治区、直辖市商标申请与注册统计表　（单位：件）
Statistics of Domestic Trademark Applications and Registrations in 2013
（by Province / Autonomous Region/Municipality）　（unit：piece）

省、自治区、直辖市 P / M / R / S	申请件数 Applications	注册件数 Registrations	有效注册量 Registrations Effected
北京 Beijing	133 510	68 688	467 259
天津 Tianjin	22 127	13 194	77 143
河北 Hebei	43 826	21 084	166 136
山西 Shanxi	16 753	6731	52 742
内蒙古 Inner Mongolia	13 146	6899	56 746
辽宁 Liaoning	30 440	16 881	134 082
吉林 Jilin	14 977	7330	62 575
黑龙江 Heilongjiang	19 079	9719	84 157
上海 Shanghai	106 374	57354	364 528
江苏 Jiangsu	110 097	60 069	459 132
浙江 Zhejiang	178 978	105 825	864 161
安徽 Anhui	42 981	19 523	123 834
福建 Fujian	96 134	52 367	369 736
江西 Jiangxi	26 862	13 064	88 125
山东 Shandong	92 765	47 202	343 623
河南 Henan	57 591	29 410	184 866
湖北 Hubei	37 031	18 190	132 396

（续表 cont'd）

省、自治区、直辖市 P / M / R / S	申请件数 Applications	注册件数 Registrations	有效注册量 Registrations Effected
湖南 Hunan	41 362	21 453	139 205
广东 Guangdong	318 789	162 264	1 126 595
广西 Guangxi	16 652	8430	57 656
海南 Hainan	7470	4022	28 554
四川 Sichuan	63 649	31 125	219 938
贵州 Guizhou	19 814	9655	41 448
云南 Yunnan	28 051	15 637	87 927
西藏 Tibet	1316	531	3667
陕西 Shaanxi	40 169	21 209	104 745
甘肃 Gansu	6293	2991	23 887
青海 Qinghai	2963	1717	10 429
宁夏 Ningxia	3689	2401	13 411
新疆 Xinjiang	16 368	8767	57 024
重庆 Chongqing	45 751	25 034	114 889
香港 Hong Kong	67 889	29 907	175 097
澳门 Macao	621	321	2778
台湾 Taiwan	9844	10 547	104 095
合计 Total	1 733 361	909 541	6 342 586

*说明：申请件数、注册件数指2012.12.16~2013.12.15的商标统计情况，其他指截至2013.12.15的统计情况。

表3 2013年度外国（地区）在华商标申请统计表 （单位：件）

Statistics of Foreign（Region）Trademark Applications in China in 2013（unit：piece）

外国（地区） Foreign（Region）	外国（地区）申请件数 Foreign（Region）Applications	马德里申请件数 Madrid Applications	总计 Total
阿尔及利亚 Algeria	39	5	44
阿富汗 Afghanistan	17	0	17
阿根廷 Argentina	185	0	185
阿联酋 United Arab Emirates	389	0	389
阿曼 Oman	3	0	3
阿塞拜疆 Azerbaijan	52	48	100
埃及 Egypt	57	10	67
埃塞俄比亚 Ethiopia	11	0	11
爱尔兰 Ireland	343	46	389
爱沙尼亚 Estonia	11	29	40
安道尔 Andorra	4	0	4
安哥拉 Angola	16	0	16
安圭拉 Anguilla	304	0	304
安提瓜和巴布达 Antigua and Barbuda	1	0	1
奥地利 Austria	372	635	1007
澳大利亚 Australia	2303	1238	3541
巴巴多斯 Barbados	29	0	29

（续表 cont'd）

外国（地区） Foreign（Region）	外国（地区）申请件数 Foreign（Region）Applications	马德里申请件数 Madrid Applications	总计 Total
巴布亚新几内亚 Papua New Guinea	6	0	6
巴哈马 Bahamas	159	0	159
巴基斯坦 Pakistan	62	0	62
巴拉圭 Paraguay	2	0	2
巴勒斯坦 Palestine	3	0	3
巴林 Bahrain	9	0	9
巴拿马 Panama	110	0	110
巴西 Brazil	492	0	492
白俄罗斯 Belarus	0	61	61
百慕大 Bermuda	126	0	126
保加利亚 Bulgaria	26	178	204
贝里斯 Belize	17	0	17
贝宁 Benin	2	0	2
比荷卢 Benelux	0	2394	2394
比利时 Belgium	318	0	318
冰岛 Iceland	17	70	87
波多黎各 Puerto Rico	6	0	6
波兰 Poland	148	267	415

Ⅱ

（续表 cont'd）

外国（地区） Foreign（Region）	外国（地区）申请件数 Foreign（Region）Applications	马德里申请件数 Madrid Applications	总计 Total
波斯尼亚和黑塞哥维亚 Bosnia and Herzegovina	0	10	10
玻利维亚 Bolivia	9	0	9
伯利兹 Belize	30	0	30
布基纳法索 Burkina Faso	1	0	1
朝鲜 D.P.R.K	2	1	3
丹麦 Denmark	895	583	1478
德国 Germany	4275	6490	10 765
多哥 Togo	3	0	3
多米尼加 Dominican	8	0	8
俄罗斯 Russia	503	1474	1977
厄瓜多尔 Ecuador	16	0	16
法国 France	4402	5227	9629
菲律宾 Philippines	112	37	149
斐济 Fiji	2	0	2
芬兰 Finland	348	229	577
刚果 Congo	8	0	8
哥伦比亚 Colombia	123	3	126
哥斯达黎加 Costa Rica	5	0	5
格鲁吉亚 Georgia	7	15	22

（续表 cont'd）

外国（地区） Foreign（Region）	外国（地区）申请件数 Foreign（Region）Applications	马德里申请件数 Madrid Applications	总计 Total
古巴 Cuba	4	1	5
圭亚那 Guyana	2	0	2
哈萨克斯坦 Kazakhstan	14	37	51
韩国 Korea	7700	631	8331
荷兰 Netherlands	1213	0	1213
荷属安的列斯群岛 Netherlands Antilles	102	0	102
黑山 Montenegro	0	1	1
吉尔吉斯斯坦 Kyrgyzstan	3	7	10
加拿大 Canada	1806	0	1806
加纳 Ghana	4	0	4
柬埔寨 Cambodia	5	0	5
捷克 Czech	83	214	297
津巴布韦 Zimbabwe	5	0	5
喀麦隆 Cameroon	4	0	4
卡塔尔 Qatar	69	0	69
开曼群岛 Cayman Islands	2341	0	2341
科威特 Kuwait	36	0	36
克罗地亚 Croatia	1	52	53
肯尼亚 Kenya	14	11	25

（续表 cont'd）

外国（地区） Foreign（Region）	外国（地区）申请件数 Foreign（Region）Applications	马德里申请件数 Madrid Applications	总计 Total
库克群岛 Cook Islands	16	0	16
库拉索 Curacao	3	6	9
拉脱维亚 Latvia	3	28	31
黎巴嫩 Lebanon	62	0	62
立陶宛 Lithuania	4	32	36
利比亚 Libya	12	0	12
列支敦士登 Liechtenstein	154	86	240
卢森堡 Luxembourg	307	0	307
罗马尼亚 Romania	18	81	99
马达加斯加 Madagascar	2	3	5
马恩岛 Isle of Man	175	0	175
马耳他 Malta	97	0	97
马来西亚 Malaysia	944	0	944
马里 Mali	1	0	1
马其顿 Macedonia	0	8	8
马绍尔群岛 Marshall Islands	60	0	60
毛里求斯 Mauritius	59	0	59
毛里塔尼亚 Mauritania	3	0	3
美国 U.S.A.	25 773	5102	30 875

（续表 cont'd）

外国（地区） Foreign（Region）	外国（地区）申请件数 Foreign（Region）Applications	马德里申请件数 Madrid Applications	总计 Total
美属维尔京群岛 The United States Virgin Islands	10	0	10
蒙古 Mongolia	0	5	5
孟加拉国 Bangladesh	11	0	11
秘鲁 Peru	21	0	21
缅甸 Myanmar	37	0	37
摩尔多瓦 Moldova	0	25	25
摩洛哥 Morocco	20	27	47
摩纳哥 Monaco	39	175	214
墨西哥 Mexican	325	11	336
纳米比亚 Namibia	5	0	5
南非 South Africa	318	0	318
尼加拉瓜 Nicaragua	4	0	4
尼泊尔 Nepal	2	0	2
尼日利亚 Nigeria	28	0	28
挪威 Norway	103	373	476
欧盟 European Union	0	10 252	10 252
葡萄牙 Portugal	173	187	360
日本 Japan	13 200	3404	16 604
瑞典 Sweden	777	227	1004

（续表 cont'd）

外国（地区） Foreign（Region）	外国（地区）申请件数 Foreign（Region）Applications	马德里申请件数 Madrid Applications	总计 Total
瑞士 Switzerland	1696	3789	5485
塞尔维亚 Serbia	0	24	24
塞拉利昂 Sierra Leone	2	0	2
塞内加尔 Senegal	4	0	4
塞浦路斯 Cyprus	85	74	159
塞舌尔 Seychelles	344	0	344
沙特阿拉伯 Saudi Arabia	97	0	97
圣基茨和尼维斯 Saint Kitts and Nevis	5	0	5
圣马力诺 San Marino	8	30	38
斯里兰卡 Sri Lanka	31	0	31
斯洛伐克 Slovakia	63	158	221
斯洛文尼亚 Slovenia	11	63	74
泰国 Thailand	1173	0	1173
坦桑尼亚 Tanzania	18	0	18
特克斯和凯科斯群岛 Turks and Caicos Islands	1	0	1
突尼斯 Tunisia	7	0	7
土耳其 Turkey	239	886	1125
瓦努阿图 Vanuatu	3	0	3
危地马拉 Guatemala	31	0	31

（续表 cont'd）

外国（地区） Foreign（Region）	外国（地区）申请件数 Foreign（Region）Applications	马德里申请件数 Madrid Applications	总计 Total
委内瑞拉 Venezuela	36	0	36
文莱 Brunei	81	0	81
乌干达 Uganda	2	0	2
乌克兰 Ukraine	65	308	373
乌拉圭 Uruguay	17	0	17
乌兹别克斯坦 Uzbekistan	9	1	10
西班牙 Spain	1261	670	1931
萨摩亚 Samoa	144	0	144
希腊 Greece	153	76	229
新加坡 Singapore	1965	312	2277
新西兰 New Zealand	964	186	1150
匈牙利 Hungary	28	61	89
叙利亚 Syria	59	0	59
牙买加 Jamaica	2	0	2
亚美尼亚 Armenia	6	17	23
也门 Yemen	23	0	23
伊拉克 Iraq	53	0	53
伊朗 Iran	98	39	137
以色列 Israel	270	129	399

（续表 cont'd）

外国（地区） Foreign（Region）	外国（地区）申请件数 Foreign（Region）Applications	马德里申请件数 Madrid Applications	总计 Total
意大利 Italy	2690	3965	6655
印度 India	702	0	702
印度尼西亚 Indonesia	113	0	113
英国 U.K.	6503	2124	8627
英吉利海峡群岛 The Channel Islands	38	0	38
根西岛 Guernsey	6	0	6
英属维尔京群岛 British Virgin Islands	3069	0	3069
英属西印度群岛 British West Indies	60	0	60
约旦 Jordan	35	0	35
越南 Viet Nam	87	60	147
赞比亚 Zambia	1	0	1
泽西岛 Jersey Island	23	0	23
直布罗陀 Gibraltar	1	0	1
智利 Chile	235	0	235
合计 Total	95 177	53 008	29 915

表4　2013年度外国（地区）在华商标注册统计表　　（单位：件）
Statistics of Foreign（Region） Trademark Registrations in China in 2013（unit：piece）

外国（地区） Foreign（Region）	外国（地区）注册件数 Foreign（Region） Registrations	马德里注册件数 Madrid Registrations	总计 Total
阿尔及利亚 Algeria	21	0	21
阿富汗 Afghanistan	6	0	6
阿根廷 Argentina	110	0	110
阿联酋 United Arab Emirates	204	1	205
阿曼 Oman	7	1	8
阿塞拜疆 Azerbaijan	25	0	25
埃及 Egypt	75	7	82
爱尔兰 Ireland	213	106	319
爱沙尼亚 Estonia	3	13	16
安道尔 Andorra	4	12	16
安哥拉 Angola	29	0	29
安圭拉 Anguilla	65	0	65
奥地利 Austria	224	507	731
澳大利亚 Australia	1165	454	1619
巴巴多斯 Barbados	37	0	37
巴布亚新几内亚 Papua New Guinea	1	0	1
巴哈马 Bahamas	53	1	54

（续表 cont'd）

外国（地区） Foreign（Region）	外国（地区）注册件数 Foreign（Region） Registrations	马德里注册件数 Madrid Registrations	总计 Total
巴基斯坦 Pakistan	50	0	50
巴拉圭 Paraguay	11	0	11
巴勒斯坦 Palestine	1	0	1
巴林 Bahrain	2	0	2
巴拿马 Panama	42	7	49
巴西 Brazil	314	0	314
白俄罗斯 Belarus	4	37	41
百慕大群岛 Bermuda	137	0	137
保加利亚 Bulgaria	25	53	78
贝里斯 Belize	11	0	11
贝宁 Benin	1	0	1
比利时 Belgium	166	478	644
冰岛 Iceland	27	5	32
波多黎各 Puerto Rico	0	0	0
波兰 Poland	24	225	249
玻利维亚 Bolivia	0	0	0
伯利兹 Belize	34	4	38
布基纳法索 Burkina Faso	1	0	1
朝鲜 D.P.R.K.	3	1	4

（续表 cont'd）

外国（地区） Foreign（Region）	外国（地区）注册件数 Foreign（Region）Registrations	马德里注册件数 Madrid Registrations	总计 Total
丹麦 Denmark	529	459	988
德国 Germany	2332	5339	7671
多哥 Togo	1	0	1
多米尼加 Dominican	7	0	7
俄罗斯 Russia	236	1030	1266
厄瓜多尔 Ecuador	7	0	7
法国 France	2082	3236	5318
菲律宾 Philippines	72	1	73
斐济 Fiji	1	0	1
芬兰 Finland	146	284	430
刚果 Congo	0	0	0
哥伦比亚 Colombia	77	0	77
哥斯达黎加 Costa Rica	4	0	4
格鲁吉亚 Georgia	4	3	7
古巴 Cuba	4	0	4
哈萨克斯坦 Kazakhstan	12	11	23
韩国 Korea	3815	246	4061
荷兰 Netherlands	570	862	1432
荷属安的列斯群岛 Netherlands Antilles	32	0	32

（续表 cont'd）

外国（地区） Foreign（Region）	外国（地区）注册件数 Foreign（Region） Registrations	马德里注册件数 Madrid Registrations	总计 Total
吉尔吉斯斯坦 Kyrgyzstan	3	0	3
几内亚 Guinea	5	0	5
加拿大 Canada	871	12	883
加纳 Ghana	0	0	0
柬埔寨 Cambodia	0	0	0
捷克 Czech	30	127	157
津巴布韦 Zimbabwe	1	0	1
喀麦隆 Cameroon	2	0	2
卡塔尔 Qatar	15	0	15
开曼群岛 Cayman Islands	1076	17	1093
科特迪瓦 Ivory Coast	4	0	4
科威特 Kuwait	5	0	5
克罗地亚 Croatia	4	28	32
肯尼亚 Kenya	4	1	5
库克群岛 Cook Islands	10	0	10
库拉索 Curacao	2	0	2
拉脱维亚 Latvia	8	13	21
老挝 Laos	1	0	1
黎巴嫩 Lebanon	40	1	41

（续表 cont'd）

外国（地区） Foreign（Region）	外国（地区）注册件数 Foreign（Region） Registrations	马德里注册件数 Madrid Registrations	总计 Total
立陶宛 Lithuania	4	14	18
利比亚 Libya	3	0	3
列支敦士登 Liechtenstein	31	58	89
卢森堡 Luxembourg	158	284	442
罗马尼亚 Romania	33	16	49
马达加斯加 Madagascar	0	0	0
马恩岛 Isle of Man	57	0	57
马耳他 Malta	10	56	66
马来西亚 Malaysia	529	3	532
马里 Mali	3	0	3
马其顿 Macedonia	0	5	5
马绍尔群岛 Marshall Islands	60	0	60
毛里求斯 Mauritius	26	0	26
毛里塔尼亚 Mauritania	0	0	0
美国 U.S.A.	15 881	2273	18 154
美属维尔京群岛 The United States Virgin Islands	1	0	1
蒙古 Mongolia	0	1	1
孟加拉国 Bangladesh	5	0	5
秘鲁 Peru	33	0	33

（续表 cont'd）

外国（地区） Foreign（Region）	外国（地区）注册件数 Foreign（Region）Registrations	马德里注册件数 Madrid Registrations	总计 Total
缅甸 Myanmar	10	1	11
摩尔多瓦 Moldova	1	16	17
摩洛哥 Morocco	4	26	30
摩纳哥 Monaco	46	52	98
莫桑比克 Mozambique	0	7	7
墨西哥 Mexican	239	2	241
纳米比亚 Namibia	0	0	0
南非 South Africa	233	0	233
尼泊尔 Nepal	3	0	3
尼日利亚 Nigeria	17	0	17
挪威 Norway	42	136	178
葡萄牙 Portugal	114	122	236
日本 Japan	14 266	1828	16 094
瑞典 Sweden	373	495	868
瑞士 Switzerland	1015	2714	3729
萨尔瓦多 Salvador	1	0	1
塞尔维亚 Serbia	1	14	15
塞拉利昂 Sierra Leone	1	0	1
塞内加尔 Senegal	1	0	1

（续表 cont'd）

外国（地区） Foreign（Region）	外国（地区）注册件数 Foreign（Region）Registrations	马德里注册件数 Madrid Registrations	总计 Total
塞浦路斯 Cyprus	90	487	577
塞舌尔 Seychelles	138	8	146
沙特阿拉伯 Saudi Arabia	56	0	56
圣基茨和尼维斯 Saint Kitts and Nevis	1	0	1
圣马力诺 San Marino	6	8	14
圣文森特和格林纳丁斯 St.Vincent and the Grenadines	1	0	1
斯里兰卡 Sri Lanka	12	0	12
斯洛伐克 Slovakia	1	35	36
斯洛文尼亚 Slovenia	8	34	42
泰国 Thailand	251	10	261
坦桑尼亚 Tanzania	1	0	1
特克斯和凯科斯群岛 Turks and Caicos Islands	4	0	4
特立尼达和多巴哥 Trinidad and Tobago	1	0	1
突尼斯 Tunisia	13	0	13
土耳其 Turkey	117	206	323
土库曼斯坦 Turkmenistan	1	0	1
瓦努阿图 Vanuatu	0	0	0
危地马拉 Guatemala	4	0	4
委内瑞拉 Venezuela	38	0	38

（续表 cont'd）

外国（地区） Foreign（Region）	外国（地区）注册件数 Foreign（Region） Registrations	马德里注册件数 Madrid Registrations	总计 Total
文莱 Brunei	28	0	28
乌干达 Uganda	3	0	3
乌克兰 Ukraine	28	105	133
乌拉圭 Uruguay	15	6	21
乌兹别克斯坦 Uzbekistan	2	1	3
西班牙 Spain	869	563	1432
萨摩亚 Samoa	89	0	89
希腊 Greece	64	46	110
新加坡 Singapore	1096	135	1231
新西兰 New Zealand	563	18	581
匈牙利 Hungary	8	52	60
叙利亚 Syria	13	0	13
牙买加 Jamaica	3	0	3
亚美尼亚 Armenia	4	12	16
也门 Yemen	10	0	10
伊拉克 Iraq	50	0	50
伊朗 Iran	66	22	88
以色列 Israel	107	86	193
意大利 Italy	1630	2463	4093

（续表 cont'd）

外国（地区） Foreign（Region）	外国（地区）注册件数 Foreign（Region）Registrations	马德里注册件数 Madrid Registrations	总计 Total
印度 India	355	7	362
印度尼西亚 Indonesia	44	0	44
英国 U.K.	3263	1536	4799
英吉利海峡群岛 English Channel Islands	10	0	10
英属根西岛 Guernsey	7	0	7
英属维尔京群岛 British Virgin Islands	1752	80	1832
英属西印度群岛 British West Indies	113	0	113
约旦 Jordan	20	0	20
越南 Viet Nam	90	56	146
泽西岛 Jersey Island	9	5	14
直布罗陀 Gibraltar	2	1	3
智利 Chile	132	0	132
合计 Total	59 496	27 687	16 375

表5　2013年度按类申请和注册商标统计表　（单位：件）
Statistics of Trademark Applications and Registrations by Class in 2013 （unit：piece）

类别 Class	申请 Applications				注册 Registrations			
	国内 Domestic	国际 International	马德里 Madrid	合计 Total	国内 Domestic	国际 International	马德里 Madrid	合计 Total
1	26 358	1772	1131	29 261	16 679	1343	730	18 752
2	12 966	593	364	13 923	7600	436	205	8241
3	52 881	4754	2062	59 697	25 745	3052	1051	29 848
4	10 317	727	371	11 415	6141	496	244	6881
5	55 222	4457	2031	61 710	27 340	2740	1187	31 267
6	32 447	1571	1029	35 047	18 906	1037	555	20 498
7	47 793	3172	1963	52 928	28 952	1978	1057	31 987
8	11 225	1027	615	12 867	7161	661	322	8144
9	100 869	8891	5216	114 976	54 092	5205	2501	61 798
10	18 571	1988	1295	21 854	9477	1202	723	11 402
11	66 283	2923	1527	70 733	36 713	1557	772	39 042
12	30 826	2418	1146	34 390	15 644	1259	563	17 466
13	2607	159	74	2840	1973	112	49	2134
14	31 604	1824	1272	34 700	14 923	1307	714	16 944
15	4482	290	139	4911	2741	263	83	3087
16	30 441	2826	1678	34 945	19 444	1983	875	22 302
17	14 178	957	691	15 826	9127	674	445	10 246
18	40 243	3352	1968	45 563	23 734	2250	994	26 978
19	31 792	762	636	33 190	18 542	599	385	19 526
20	43 609	1592	1054	46 255	23 513	1148	593	25 254
21	32 563	2125	999	35 687	18 763	1406	534	20 703
22	5815	424	216	6455	3790	301	139	4230

（续表 cont'd）

类别 Class	申请 Applications				注册 Registrations			
	国内 Domestic	国际 International	马德里 Madrid	合计 Total	国内 Domestic	国际 International	马德里 Madrid	合计 Total
23	4446	232	119	4797	3295	191	78	3564
24	26 657	1309	873	28 839	16 739	1046	474	18 259
25	20 6541	6649	3256	216 446	101 646	4351	1362	107 359
26	8298	579	258	9135	5822	424	156	6402
27	9209	430	275	9914	5199	381	213	5793
28	23 684	2152	1095	26 931	14 045	1644	628	16 317
29	72 703	2541	963	76 207	38 061	1518	475	40 054
30	98 498	3444	1275	10 3217	50 090	2025	600	52 715
31	50 454	785	435	51 674	26 766	555	247	27 568
32	35 280	1897	928	38 105	15 332	1083	441	16 856
33	54 464	3647	1412	59 523	25 781	2001	796	28 578
34	4878	393	251	5522	2835	233	150	3218
35	144 901	7350	3532	155 783	62 693	3263	1021	66 977
36	26 439	1314	749	28 502	12 957	885	473	14 315
37	24 614	1303	1168	27 085	14 490	807	731	16 028
38	14 574	954	954	16 482	7417	699	593	8709
39	20 368	1028	630	22 026	11 418	605	417	12 440
40	13 732	675	613	15 020	8618	495	378	9491
41	45 762	3355	2097	51 214	23 011	2127	1069	26 207
42	45 005	2891	2925	50 821	24 377	1881	1676	27 934
43	66 620	2086	659	69 365	29 994	1236	311	31 541
44	23 488	996	577	25 061	12 488	650	377	13 515
45	9654	563	487	10 704	5467	387	300	6154
合计	1 733 361	95 177	53 008	1 881 546	909 541	59 496	27 687	996 724

表6 1979~2013年商标注册申请及核准注册商标统计表 （单位：件）

Statistics of Trademark Applications and Registrations Approved，1979–2013

（unit：piece）

	申请 Applications				核准注册 Registrations Approved			
年度 Year	国内 Domestic	国际 International	马德里 Madrid	合计 Total	国内 Domestic	国际 International	马德里 Madrid	合计 Total
1979	0	0	0	0	27 459	5130	0	32 589
1980	0	0	0	26 177	15 348	1297	0	16 645
1981	0	0	0	23 004	15 707	2049	0	17 756
1982	17 000	1565	0	18 565	12 385	4672	0	17 057
1983	19 120	1687	0	20 807	4293	2278	0	6571
1984	26 487	3077	0	29 564	13 252	1518	0	14 770
1985	43 445	5798	0	49 243	19 584	2084	0	21 668
1986	45 031	5939	0	50 970	26 993	5126	0	32 119
1987	40 014	4055	0	44 069	27 687	4454	0	32 141
1988	41 683	5866	0	47 549	25 448	3604	0	29 052
1989	43 202	5209	0	48 411	31 810	4625	0	36 435
1990	50 853	4371	2048	57 272	25 966	4036	1269	31 271
1991	59 124	5885	2595	67 604	34 501	3523	2306	40 330
1992	79 837	8367	2591	90 795	42 710	4198	1180	48 088
1993	107 758	21 014	3551	132 323	42 668	3999	2059	48 726
1994	117 186	20 238	5193	142 617	47 482	7803	3016	58 301
1995	144 610	21 442	6094	172 146	59 895	12 591	19 380	91 866

（续表 cont'd）

	申请 Applications				核准注册 Registrations Approved			
年度 Year	国内 Domestic	国际 International	马德里 Madrid	合计 Total	国内 Domestic	国际 International	马德里 Madrid	合计 Total
1996	122 057	22 615	7132	151 804	101 178	15 843	11 407	128 428
1997	118 577	21 676	8502	148 755	188 047	24 958	10 033	223 038
1998	129 394	18 252	10 037	157 683	80 095	14 137	13 478	107 710
1999	140 620	18 883	11 212	170 715	96 139	13 896	12 366	122 401
2000	181 717	24 623	16 837	223 177	129 441	16 327	12 807	158 575
2001	229 775	23 234	17 408	270 417	167 563	19 017	16 259	202 839
2002	321 034	37 221	13 681	371 936	169 904	23 364	19 265	212 533
2003	405 620	33 912	12 563	452 095	206 070	21 188	15 253	242 511
2004	527 591	44 938	15 396	587 925	225 394	25 069	16 156	266 619
2005	593 382	52 166	18 469	664 017	218 731	23 792	16 009	258 532
2006	669 276	56 840	40 203	766 319	228 814	25 254	21 573	275 641
2007	604 952	59 714	43 282	707 948	215 161	19 159	29 158	263 478
2008	590 525	60 704	46 890	698 119	342 498	31 870	29 101	403 469
2009	741 763	51 966	36 748	830 477	737 228	68 471	31 944	837 643
2010	973 460	67 838	30 889	1 072 187	1 211 428	108 510	29 299	1 349 237
2011	1 273 827	95 831	47 127	1 416 785	926 330	66 074	30 294	1 022 698
2012	1 502 540	97 190	48 586	1 648 316	919 951	58 656	26 290	1 004 897
2013	1 733 361	95 177	53 008	1 881 546	909 541	59 496	27 687	996 724
合计	11 694 821	997 293	500 042	13 241 337	7 5467 01	708 068	397 589	8 652 358

二、商标评审案件

表7　2013年度商标评审案件统计表
Statistics of Trademark Cases Reviewed and Adjudicated in 2013

项目 Item	案件类型 Cases by Category	数量（件） Number of Cases（piece）
评审案件申请量 Applications	驳回商标注册申请复审 Review of Rejection of Trademark Applications	58 491
	商标异议复审 Review of Trademark Oppositions	17 846
	注册商标争议 Disputes over Registered Trademarks	4121
	撤销注册商标复审 Review of Cancellation of Registered Trademarks	2156
	总计 Total	82 614
评审案件裁决量 Adjudications	驳回商标注册申请复审 Review of Rejection of Trademark Applications	108 301
	商标异议复审 Review of Trademark Oppositions	30 232
	注册商标争议 Disputes over Registered Trademarks	5042
	撤销注册商标复审 Review of Cancellation of Registered Trademarks	607
	总计 Total	144 182
参与行政诉讼 Administrative Proceedings	一审 First Instance	1760
	二审 Second Instance	881
	再审 Retrial	57
	总计 Total	2698
行政复议 Administrative Reconsiderations	申请量 Applications	265
	结案量 Cases Concluded	241

三、商标行政执法案件

表8　2013年全国查处商标一般违法案件统计表

项目		案件总数（件）		其中：涉外案件		案值（万元）	罚没金额（万元）	其中：立案查处（件）				收缴和销毁商标标志（件）	销毁物品（件）
		合计	其中：投诉案件	合计	其中：投诉案件			小计	其中：投诉案件	罚款10～100万元	罚款100万元以上		
合　计		6896	1114	99	29	16 371	5101	3772	858	116	1	256 705	70 785
注册商标使用的管理	自行改变注册商标的	259	71	1	0	371	*	60	18	*	*	*	*
	自行改变注册商标注册人名义、地址或其他注册事项的	35	11	0	0	109	*	14	6	*	*	*	*
	自行转让注册商标的	57	4	0	0	151	*	37	3	*	*	*	*
	商品粗制滥造、以次充好、欺骗消费者的	510	171	7	0	443	392	220	67	11	0	*	*
未注册商标使用的管理	冒充注册商标的	3956	626	53	15	12 555	3309	2162	547	77	1	*	*
	商品粗制滥造、以次充好、欺骗消费者的	405	24	0	0	428	259	134	8	6	0	*	*
	违反《商标法》第6条规定的	109	6	0	0	125	111	63	5	1	0	*	*
	违反《商标法》第10条规定的	22	2	0	0	164	11	3	1	0	0	*	*
违反《商标法》第40条第2款规定的		227	40	20	7	300	*	128	42	*	*	2161	2
违反《商标法》第13条规定的		232	48	0	0	310	*	170	38	*	*	30 672	2805
违反《商标印制管理办法》规定的		1030	105	18	7	1250	921	741	117	20	0	216 584	66 198
违法使用地理标志的		14	1	0	0	3	6	7	1	0	0	210	1610
违法使用地理标志产品专用标志的		25	0	0	0	2	2	24	0	0	0	7059	65
违法使用特殊标志的		15	5	0	0	161	92	9	5	1	0	19	105

Statistics of Common Cases of Trademark Offense Nationwide in 2013

Item		Total Number of Cases		Among:Number of Foreign-related Cases		Value (ten thousand Yuan)	Fines (ten thousand Yuan)	Number of Cases Handled				Trademarks Reproduction Seized and Removed (piece)	Faulty Articles Destroyed (item)
		Total	Complaint Cases	Total	Complaint Cases			Total	Complaint Cases	Fines 10 000 ~ 100 000 RMB	Fines> 100 000 RMB		
Total		6896	1114	99	29	16 371	5101	3772	858	116	1	256 705	70 785
Administration on the Use of Registered Trademarks	Altering Registered Trademark Without Approval	259	71	1	0	371	*	60	18	*	*	*	*
	Altering the Name, Address or Other Registered Matters Without Approval	35	11	0	0	109	*	14	6	*	*	*	*
	Assigning a Registered Trademark Without Approval	57	4	0	0	151	*	37	3	*	*	*	*
	Producing Shoddy Goods to Deceive Consumers	510	171	7	0	443	392	220	67	11	0	*	*
Administration on the Use of Unregistered Trademarks	Passing Unregistered Trademarks off as Registered Trademarks	3956	626	53	15	12 555	3309	2162	547	77	1	*	*
	Producing Shoddy Goods to Deceive Consumers	405	24	0	0	428	259	134	8	6	0	*	*
	Violating Article 6 of Trademark Law	109	6	0	0	125	111	63	5	1	0	*	*
	Violating Article 10 of Trademark Law	22	2	0	0	164	11	3	1	0	0	*	*
Violating Article 13 of Trademark Law		227	40	20	7	300	*	128	42	*	*	2161	2
Violating the Regulation on Trademark Printing		232	48	0	0	310	*	170	38	*	*	30 672	2805
Illegal Use of Geographical Indications		1030	105	18	7	1250	921	741	117	20	0	216 584	66 198
Illegal Use of Special Signs of Geographical Indications		14	1	0	0	3	6	7	1	0	0	210	1610
Illegal Use of Special Signs		25	0	0	0	2	2	24	0	0	0	7059	65
Illegal Use of Olympic Signs		15	5	0	0	161	92	9	5	1	0	19	105

表9　2013年全国查处商标侵权假冒案件统计表（一）

项目		案件总数（件）		其中：涉外案件		案值(万元)	罚没金额(万元)	其中：立案查处(件，万元)					
		合计	其中：投诉案件	小计	其中：投诉案件			小计	其中：投诉案件	处罚程度：罚款10~100万元	处罚程度：罚款100万元以上	利用互联网实施侵权假冒案件：案件数	利用互联网实施侵权假冒案件：案值
合计		49 971	13 656	11 636	4434	65 230	46 406	38 438	12 179	1195	20	647	1716
假冒商标	小计	7786	2438	2211	827	12 731	7731	5871	2076	92	6	119	342
假冒商标	未经注册商标所有人的许可，在相同商品上使用与其注册商标相同的商标的	3492	1150	1141	431	6598	4179	2549	972	61	0	28	213
假冒商标	伪造、擅自制造他人注册商标标志或者销售伪造、擅自制造的注册商标标志的	816	250	135	32	1542	765	630	233	7	0	1	4
假冒商标	销售明知是假冒注册商标的商品的	3478	1038	935	364	4590	2788	2692	871	24	6	90	126
商标侵权	小计	42 185	11 218	9425	3607	52 499	38 675	32 567	10 103	1103	14	528	1373
商标侵权	未经注册商标所有人的许可，在相同商品上使用与其注册商标近似的商标或在类似商品上使用与其注册商标相同或近似的商标的	6068	1460	1866	496	11 291	8987	4603	1285	242	4	41	87
商标侵权	销售侵犯注册商标专用权的商品的	31 819	8515	7150	2978	32 203	25 045	24 173	7647	775	9	474	944
商标侵权	在同一种或类似商品上，将与他人注册商标相同或近似的标志作为商品名称或者商品装潢使用，误导公众 的	1311	295	167	42	4201	1806	1025	255	48	1	3	5
商标侵权	故意为侵犯他人注册商标专用权行为提供仓储、运输、邮寄、隐匿便利条件的	1668	598	141	69	2572	1617	1651	598	22	0	1	0
商标侵权	未经商标注册人同意更换其注册商标并将该更换商标的商品又投入市场的	109	27	7	4	597	183	106	27	2	0	3	311
商标侵权	给他人注册商标专用权造成其他损害的	300	97	27	6	738	355	183	76	8	0	1	2
商标侵权	侵犯地理标志专用权的	81	19		0	35	32	70	19		0	0	0
商标侵权	侵犯特殊标志所有权的	38	5	2	0	163	103	31	5	1	0	0	0
商标侵权	侵犯驰名商标权益的	791	202	65	12	699	546	725	191	5	0	5	26

表9 2013年全国查处商标侵权假冒案件统计表（二）

项目		没收、销毁侵权商品（件）	没收、销毁侵权商标标识（件）	没收、销毁专门用于制造侵权商品和伪造注册商标标识的工具（件）	移送司法机关（件，人）					
					案件数			其中涉外案件		
					合计	其中：投诉案件	人数	合计	其中：投诉案件	人数
合计		13 724 110	6 274 103	8566	*	*	*	*	*	*
假冒商标	小计	4 961 460	1 947 457	346	362	146	347	177	69	176
	未经注册商标所有人的许可，在相同商品上使用与其注册商标相同的商标的	4 141 095	951 992	165	131	72	111	65	38	48
	伪造、擅自制造他人注册商标标识或者销售伪造、擅自制造的注册商标标识的	199 553	817 707	50	25	6	18	5	1	5
	销售明知是假冒注册商标的商品的	620 812	177 758	131	206	68	218	107	30	123
商标侵权	小计	8 762 650	4 326 646	8220	*	*	*	*	*	*
	未经注册商标所有人的许可，在相同商品上使用与其注册商标近似的商标或在类似商品上使用与其注册商标相同或近似的商标的	4 940 904	1 931 001	5935	*	*	*	*	*	*
	销售侵犯注册商标专用权的商品的	3 478 540	1 466 873	1871	*	*	*	*	*	*
	在同一种或类似商品上，将与他人注册商标相同或近似的标志作为商品名称或者商品装潢使用，误导公众 的	120 141	248 641	347	*	*	*	*	*	*
	故意为侵犯他人注册商标专用权行为提供仓储、运输、邮寄、隐匿便利条件的	25 984	218 627	50	*	*	*	*	*	*
	未经商标注册人同意更换其注册商标并将该更换商标的商品又投入市场的	2323	222 784	0	*	*	*	*	*	*
	给他人注册商标专用权造成其他损害的	41 376	197 447	14	*	*	*	*	*	*
	侵犯地理标志专用权的	1825	30 290		*	*	*	*	*	*
	侵犯特殊标志所有权的	2465	97	1		0	0	0	0	0
	侵犯驰名商标权益的	149 092	10 886	2	*	*	*	*	*	*

Statistics of Trademark Infringement and Counterfeit Cases Nationwide in 2013 (one)

Item		Total Number of Cases		Among:Number of Foreign-related Cases		Value (ten thousand Yuan)	Fine (ten thousand Yuan)	Number of Cases Handled					
		Total	Complaint Cases	Subtotal	Complaint Cases			Subtotal	Complaint Cases	Amounts of Fines		Cases of Infringement and fake through the Internet	
										Fines 10~100 RMB	Fines 100 > RMB	Cases	Amounts of Value Involved
Total		49 971	13 656	11 636	4434	65 230	46 406	38 438	12 179	1195	20	647	1716
Trademark Counterfeiting	Subtotal	7786	2438	2211	827	12 731	7731	5871	2076	92	6	119	342
	Using an Identical Trademark on the Same Goods Without the Consent of the Proprietor	3492	1150	1141	431	6598	4179	2549	972	61	0	28	213
	Counterfeiting or Making, Without Authorization, Lables of a Registered Trademark of Others,or Selling Such Labels as Counterfeited or Made Without Authorization	816	250	135	32	1542	765	630	233	7	0	1	4
	Selling Goods Bearing Couterfeited Registered Trademarks Knowingly	3478	1038	935	364	4590	2788	2692	871	24	6	90	126
Trademark Infringements	Subtotal	42 185	11 218	9425	3607	52 499	38 675	32 567	10 103	1103	14	528	1373
	Using a Similar Trademark on the Same Goods,or an Identical or Similar Trademark on Similar Goods Without Authorization	6068	1460	1866	496	11 291	8987	4603	1285	242	4	41	87
	Selling Goods that Infringe the Exclusive Right of a Registered Trademark	31 819	8515	7150	2978	32 203	25 045	24 173	7647	775	9	474	944
	Using Identical or Similar Marks to a Registered Trademark of Others,on the Same or Similar Goods,as the Name or Decoration of the Goods	1311	295	167	42	4201	1806	1025	255	48	1	3	5
	Facilitating the Infringement Behaviors by Providing Storage, Transportation, Postal Service and Concealment Intentionally	1668	598	141	69	2572	1617	1651	598	22	0	1	0
	Changing Other's Registered Trademark Without Authorization, and Selling Goods Bearing a Replaced Trademark	109	27	7	4	597	183	106	27	2	0	3	311
	Causing other Damages to the Exclusive Right of a Registered Trademark of Others	300	97	27	6	738	355	183	76	8	0	1	2
	Infringing the Exclusive Right of Geographical Indications	81	19	0	0	35	32	70	19	0	0	0	0
	Infringing the Exclusive Right of Special Signs	38	5	2	0	163	103	31	5	1	0	0	0
	Infringing the Right of the Well-known Trademarks	791	202	65	12	699	546	725	191	5	0	5	26

Statistics of Trademark Infringement and Counterfeit Cases Nationwide in 2013（Two）

Item		Infringing Articles Seized and Destructed（piece）	Infringing Trademark Labels Seized and Removed（piece）	Seized and Destructed Tools Specially Used to Manufacture the Infringing Goods and Counterfeit Labels of Registered Trademarks（piece）	Cases Transferred to Judicial Organs					
					Number of Cases			Number of Foreign-related Cases		
					Total	Complaint	Persons Transferred（people）	Complaint	Complaint	Persons Transferred（people）
Total		13 724 110	6 274 103	8566	*	*	*	*	*	*
Trademark Counterfeiting	Subtotal	4 961 460	1 947 457	346	362	146	347	177	69	176
	Using an Identical Trademark on the Same Goods Without the Consent of the Proprietor	4 141 095	951 992	165	131	72	111	65	38	48
	Counterfeiting or Making, Without Authorization, Lables of a Registered Trademark of Others,or Selling Such Labels as Counterfeited or Made Without Authorization	199 553	817 707	50	25	6	18	5	1	5
	Selling Goods Bearing Counterfeited Registered Trademarks Knowingly	620 812	177 758	131	206	68	218	107	30	123
Trademark Infringements	Subtotal	8 762 650	4 326 646	8220	*	*	*	*	*	*
	Using a Similar Trademark on the Same Goods,or an Identical or Similar Trademark on Similar Goods Without Authorization	4 940 904	1 931 001	5935	*	*	*	*	*	*
	Selling Goods that Infringe the Exclusive Right of a Registered Trademark	3 478 540	1 466 873	1871	*	*	*	*	*	*
	Using Identical or Similar Marks to a Registered Trademark of Others,on the Same or Similar Goods,as the Name or Decoration of the Goods	120 141	248 641	347	*	*	*	*	*	*
	Facilitating the Infringement Behaviors by Providing Storage, Transportation, Postal Service and Concealment Intentionally	25 984	218 627	50	*	*	*	*	*	*
	Changing Others' Registered Trademark Without Authorization, and Selling Goods Bearing a Replaced Trademark	2323	222 784	0	*	*	*	*	*	*
	Causing Other Damages to the Exclusive Right of a Registered Trademark of Others	41 376	197 447	14	*	*	*	*	*	*
	Infringing the Exclusive Right of Geographical Indications	1825	30 290	0	*	*	*	*	*	*
	Infringing the Exclusive Right of Special Signs	2465	97	1	0	0	0	0	0	0
	Infringing the Right of the Well-known Trademarks	149 092	10 886	2	*	*	*	*	*	*

表10 2013年全国各地区查处商标违法案件基本情况统计表
Statistics of Handling of Trademark Offenses Nationwide in 2013

地区 Region	一般违法 General Illegal				侵权假冒 Infringement and Counterfeiting			
	案件总数（件）Cases（piece）	其中：涉外案件 Cases（piece）	案值（万元）Amounts of Value Involved（ten Thousand Yuan）	罚款金额（万元）Amounts of Fines（ten Thousand Yuan）	案件总数（件）Cases（piece）	其中：涉外案件 Cases（piece）	案值（万元）Amounts of Value Involved（ten Thousand Yuan）	罚款金额（万元）Amounts of Fines（ten Thousand Yuan）
合计 Total	6896	99	16 370.83	5 101.47	49 971	11 636	65 230.04	46 406.10
北京 Beijing	6	1	199.64	36.42	1024	477	2054.16	1014.51
天津 Tianjin	33	0	30.00	23.16	344	48	828.47	567.07
河北 Hebei	257	5	170.89	142.02	927	111	591.39	731.43
山西 Shanxi	212	0	131.28	61.28	1021	46	679.18	353.11
内蒙古 Inner Mongolia	65	0	55.74	44.91	205	2	264.95	187.51
辽宁 Liaoning	168	0	422.78	135.31	1118	157	2467.52	834.40
吉林 Jilin	39	0	29.11	36.81	427	52	841.78	476.13
黑龙江 Heilongjiang	27	0	15.13	16.48	315	42	415.47	210.40
上海 Shanghai	58	0	1845.56	171.19	2990	2039	2805.27	1555.71
江苏 Jiangsu	127	10	2755.89	240.63	2725	230	7227.91	4355.47
浙江 Zhejiang	488	2	1557.70	600.07	6142	3135	11 934.36	10 247.90
安徽 Anhui	601	3	210.21	204.14	4930	439	1587.67	1512.09
福建 Fujian	332	15	174.46	123.36	4146	928	2981.43	2278.09
江西 Jiangxi	130	0	125.87	88.48	590	10	1410.27	479.79

（续表 cont'd）

地区 Region	一般违法 General Illegal				侵权假冒 Infringement and Counterfeiting			
	案件总数（件）Cases（piece）	其中：涉外案件 Cases（piece）	案值（万元）Amounts of Value Involved（ten Thousand Yuan）	罚款金额（万元）Amounts of Fines（ten Thousand Yuan）	案件总数（件）Cases（piece）	其中：涉外案件 Cases（piece）	案值（万元）Amounts of Value Involved（ten Thousand Yuan）	罚款金额（万元）Amounts of Fines（ten Thousand Yuan）
山东 Shandong	555	0	1113.21	383.20	2251	90	1875.28	1593.46
河南 Henan	644	2	853.19	329.88	4994	109	2200.85	1561.32
湖北 Hubei	669	0	1484.10	559.70	2267	68	7157.59	3972.07
湖南 Hunan	319	0	254.04	349.86	1022	20	2759.41	1506.82
广东 Guangdong	427	42	947.11	417.22	5965	3067	8326.64	7530.09
广西 Guangxi	107	0	143.96	35.42	779	57	439.90	260.59
海南 Hainan	178	6	106.97	129.63	434	49	391.18	417.65
重庆 Chongqing	34	3	147.20	251.48	289	77	889.72	944.04
四川 Sichuan	219	0	2277.82	245.54	964	126	1561.03	1427.84
贵州 Guizhou	83	0	174.25	30.13	450	3	344.55	194.23
云南 Yunnan	321	0	292.25	194.76	889	26	1247.92	642.25
西藏 Tibet	29	2	17.37	9.19	59	0	28.86	60.15
陕西 Shaanxi	310	7	356.72	74.10	851	120	263.29	345.06
甘肃 Gansu	142	0	85.50	66.47	636	41	501.98	378.24
青海 Qinghai	22	0	0.69	1.25	284	1	105.99	121.11
宁夏 Ningxia	34	0	6.03	7.39	244	12	100.42	117.66
新疆 Xinjiang	260	1	386.16	91.99	689	54	945.60	529.91

（本统计数据由国家工商行政管理总局商标局提供）

III

版　权

表1 2013年全国版权合同登记情况统计表 （单位：份）

Statistics of Copyright Contract Registration Nationwide in 2013 （unit：piece）

	合计 Total	图书 Book	期刊 Periodical	音像制品 Audio-visual Product	电子出版物 Electronic Publication	软件 Software	电影 Film	电视节目 Television Program	其他 Others
合计 Total	19 521	17 205	226	150	183	1161	44	9	543
北京 Beijing	9577	9215	186	0	56	120	0	0	0
天津 Tianjin	345	314	0	10	2	19	0	0	0
河北 Hebei	197	197	0	0	0	0	0	0	0
山西 Shanxi	55	55	0	0	0	0	0	0	0
内蒙古 Inner Mongolia	0	0	0	0	0	0	0	0	0
辽宁 Liaoning	343	327	0	2	0	14	0	0	0
吉林 Jilin	229	193	36	0	0	0	0	0	0
黑龙江 Heilongjiang	130	130	0	0	0	0	0	0	0
上海 Shanghai	1596	990	0	138	65	232	43	0	128
江苏 Jiangsu	2031	1632	0	0	0	8	0	0	391
浙江 Zhejiang	568	307	0	0	56	205	0	0	0
安徽 Anhui	166	163	0	0	0	3	0	0	0
福建 Fujian	86	76	0	0	0	10	0	0	0
江西 Jiangxi	620	620	0	0	0	0	0	0	0
山东 Shandong	351	348	0	0	0	3	0	0	0
河南 Henan	260	260	0	0	0	0	0	0	0

（续表 cont'd）

	合计 Total	图书 Book	期刊 Periodical	音像制品 Audio-visual Product	电子出版物 Electronic Publication	软件 Software	电影 Film	电视节目 Television Program	其他 Others
湖北 Hubei	314	276	0	0	0	37	1	0	0
湖南 Hunan	559	551	0	0	4	1	0	3	0
广东 Guangdong	223	190	0	0	0	3	0	6	24
广西 Guangxi	301	301	0	0	0	0	0	0	0
海南 Hainan	0	0	0	0	0	0	0	0	0
重庆 Chongqing	361	361	0	0	0	0	0	0	0
四川 Sichuan	206	201	4	0	0	1	0	0	0
贵州 Guizhou	43	43	0	0	0	0	0	0	0
云南 Yunnan	148	148	0	0	0	0	0	0	0
西藏 Tibet	0	0	0	0	0	0	0	0	0
陕西 Shaanxi	782	277	0	0	0	505	0	0	0
甘肃 Gansu	0	0	0	0	0	0	0	0	0
青海 Qinghai	0	0	0	0	0	0	0	0	0
宁夏 Ningxia	17	17	0	0	0	0	0	0	0
新疆 Xinjiang	13	13	0	0	0	0	0	0	0

表2　2013年全国作品自愿登记情况统计表　　（单位：件）

Statistics of Voluntary Registration of Works Nationwide in 2013　（unit：piece）

	合计 Total	文字 Written	口述 Oral	音乐 Musical	曲艺 Quyi	舞蹈 Choreo-graphic	杂技 Acro-batics	美术 Fine Art	摄影 Photographic	建筑 Archite-ctural	影视 Cine-mato-graphic	设计图 Design	地图 Map	模型 Model	其他 Others
合计 Total	834 569	124 948	28	62 119	118	21	5	171 059	429 903	244	11 943	14 971	29	462	18 719
中国版权保护中心	140 558	22 994	1	59 853	6	6	0	43 563	4536	2	3589	2452	1	5	3550
北京 Beijing	428 701	78 077	0	194	2	0	0	12 817	334 680	0	760	143	0	0	2028
天津 Tianjin	87	29	0	12	3	0	0	18	23	0	1	0	0	0	1
河北 Hebei	187	71	0	11	0	0	0	104	0	0	0	1	0	0	0
山西 Shanxi	263	28	0	19	0	0	0	133	17	0	18	14	1	12	21
内蒙古 Inner Mongolia	170	38	2	37	0	0	0	85	0	0	6	0	0	0	2
辽宁 Liaoning	21 126	4395	0	288	47	2	0	2053	69	0	4928	3	0	0	9341
吉林 Jilin	2277	595	0	106	1	1	0	1025	0	0	2	0	0	0	547
黑龙江 Heilongjiang	1192	968	0	95	0	0	0	67	0	0	51	1	0	0	10
上海 Shanghai	82 563	2169	0	76	7	0	0	13 715	63 295	0	984	1844	0	0	473
江苏 Jiangsu	32 488	5486	3	121	5	2	1	15 893	9662	85	311	420	6	0	493
浙江 Zhejiang	16 050	129	0	23	0	1	0	15 632	51	0	53	24	0	0	137
安徽 Anhui	647	145	0	6	0	0	0	169	0	70	102	46	0	0	109
福建 Fujian	21 038	158	0	189	0	0	0	20 518	15	0	85	62	0	0	11
江西 Jiangxi	643	59	0	16	0	0	0	461	3	1	58	0	0	0	45
山东 Shandong	30 292	1649	21	58	36	6	0	4114	12 961	75	375	9526	1	441	1029

（续表 cont'd）

	合计 Total	文字 Written	口述 Oral	音乐 Musical	曲艺 Quyi	舞蹈 Choreo-graphic	杂技 Acro-batics	美术 Fine Art	摄影 Photog raphic	建筑 Archite-ctural	影视 Cine-mato-graphic	设计图 Design	地图 Map	模型 Model	其他 Others
河南 Henan	594	135	1	152	2	0	4	227	0	0	15	41	1	0	16
湖北 Hubei	1126	362	0	16	0	0	0	299	200	1	205	32	3	2	6
湖南 Hunan	1201	87	0	13	0	1	0	781	0	2	224	7	0	0	86
广东 Guangdong	14 185	2362	0	121	0	0	0	7826	2962	7	131	315	9	2	450
广西 Guangxi	115	45	0	32	0	0	0	33	5	0	0	0	0	0	0
海南 Hainan	0	0	0	0	0	0	0	0	0	0	0	0	0	0	0
重庆 Chongqing	35 370	3822	0	84	0	0	0	29 977	1148	0	0	0	0	0	339
四川 Sichuan	1309	242	0	20	0	0	0	1007	12	0	13	9	0	0	6
贵州 Guizhou	181	16	0	1	0	0	0	159	4	0	1	0	0	0	0
云南 Yunnan	215	58	0	60	0	0	0	96	0	1	0	0	0	0	0
西藏 Tibet	0	0	0	0	0	0	0	0	0	0	0	0	0	0	0
陕西 Shaanxi	680	459	0	12	9	0	0	158	1	0	18	4	7	0	12
甘肃 Gansu	81	40	0	4	0	0	0	33	0	0	0	0	0	0	4
青海 Qinghai	28	9	0	0	0	0	0	18	1	0	0	0	0	0	0
宁夏 Ningxia	120	46	0	18	0	2	0	54	0	0	0	0	0	0	0
新疆 Xinjiang	1082	275	0	482	0	0	0	24	258	0	13	27	0	0	3

表3　2013年版权输出地汇总表　（单位：种）

Summary of Destinations of Copyright Exported in 2013（unit：type）

输出版权总数 Total Number of Copyright Exported / 版权购买者所在国家或地区名称 Country or Region of Copyright Origin	合计 Total	图书 Book	录音制品 Sound Recording	录像制品 Video Recording	电子出版物 Electronic Publication	软件 Software	电影 Film	电视节目 Television Program	其他 Others
	10 401	7305	300	193	646	20	0	1937	0
美国 U.S.A.	1266	753	0	1	183	0	0	329	0
英国 U.K.	731	574	0	0	78	20	0	59	0
德国 Germany	452	328	21	0	44	0	0	59	0
法国 France	243	184	0	0	0	0	0	59	0
俄罗斯 Russia	125	124	0	1	0	0	0	0	0
加拿大 Canada	157	46	0	0	0	0	0	111	0
新加坡 Singapore	532	171	0	0	169	0	0	192	0
日本 Japan	388	292	24	2	69	0	0	1	0
韩国 Korea	695	656	34	2	3	0	0	0	0

（续表 cont'd）

	合计 Total	图书 Book	录音制品 Sound Recording	录像制品 Video Recording	电子出版物 Electronic Publication	软件 Software	电影 Film	电视节目 Television Program	其他 Others
中国香港地区 Hong Kong,China	1051	402	192	183	1	0	0	273	0
中国澳门地区 Macao,China	143	24	0	0	0	0	0	119	0
中国台湾地区 Taiwan of China	1899	1714	0	0	53	0	0	132	0
其他 Others	2719	2037	29	4	46	0	0	603	0
合同约定出版数量 the Print-run by the Agreement	3 399 873	3 135 520	823	30	5000	0	0	0	0
本年度收入码洋（人民币元） Total Price of Copyrights for This Year（RMB Yuan）	64 995 379.4	49 738 191.4	45 577	440	169 191	0	0	0	0

表4　2013年全国版权输出情况统计表　（单位：种）

Statistics of Copyright Exported Nationwide in 2013　（unit：type）

	合计 Total	图书 Book	录音制品 Sound Recording	录像制品 Video Recording	电子出版物 Electronic Publication	软件 Software	电影 Film	电视节目 Television Program	其他 Others
合计 Total	10 401	7305	300	193	646	20	0	258	0
北京 Beijing	4329	3351	108	9	583	20	0	258	0
天津 Tianjin	22	22	0	0	0	0	0	0	0
河北 Hebei	51	51	0	0	0	0	0	0	0
山西 Shanxi	34	33	0	1	0	0	0	0	0
内蒙古 Inner Mongolia	2	2	0	0	0	0	0	0	0
辽宁 Liaoning	234	234	0	0	0	0	0	0	0
吉林 Jilin	279	279	0	0	0	0	0	0	0
黑龙江 Heilongjiang	7	6	0	0	1	0	0	0	0
上海 Shanghai	1958	220	1	0	58	0	0	1679	0
江苏 Jiangsu	193	193	0	0	0	0	0	0	0
浙江 Zhejiang	322	322	0	0	0	0	0	0	0
安徽 Anhui	887	887	0	0	0	0	0	0	0
福建 Fujian	127	127	0	0	0	0	0	0	0
江西 Jiangxi	210	210	0	0	0	0	0	0	0
山东 Shandong	181	181	0	0	0	0	0	0	0
河南 Henan	1	1	0	0	0	0	0	0	0

（续表 cont'd）

	合计 Total	图书 Book	录音制品 Sound Recording	录像制品 Video Recording	电子出版物 Electronic Publication	软件 Software	电影 Film	电视节目 Television Program	其他 Others
湖北 Hubei	299	295	0	0	4	0	0	0	0
湖南 Hunan	116	116	0	0	0	0	0	0	0
广东 Guangdong	560	186	191	183	0	0	0	0	0
广西 Guangxi	192	192	0	0	0	0	0	0	0
海南 Hainan	1	1	0	0	0	0	0	0	0
重庆 Chongqing	74	74	0	0	0	0	0	0	0
四川 Sichuan	86	86	0	0	0	0	0	0	0
贵州 Guizhou	42	42	0	0	0	0	0	0	0
云南 Yunnan	17	17	0	0	0	0	0	0	0
西藏 Tibet	0	0	0	0	0	0	0	0	0
陕西 Shaanxi	39	39	0	0	0	0	0	0	0
甘肃 Gansu	73	73	0	0	0	0	0	0	0
青海 Qinghai	0	0	0	0	0	0	0	0	0
宁夏 Ningxia	0	0	0	0	0	0	0	0	0
新疆 Xinjiang	65	65	0	0	0	0	0	0	0

表5　2013年版权引进地汇总表　　（单位：种）

Summary of Origins of Copyright Imported in 2013　（unit：type）

引进版权总数 Total Number of Copyright Imported / 原版权所在国家或地区名称 Country or Region of Copyright Origin	合计 Total	图书 Book	录音制品 Sound Recording	录像制品 Video Recording	电子出版物 Electronic Publication	软件 Software	电影 Film	电视节目 Television Program	其他 Others
	18 167	16 625	378	538	72	169	0	381	4
美国 U.S.A.	6210	5489	109	474	17	36	0	83	2
英国 U.K.	2698	2521	38	60	4	9	0	66	0
德国 Germany	763	707	29	1	1	18	0	7	0
法国 France	787	772	3	0	0	4	0	8	0
俄罗斯 Russia	84	84	0	0	0	0	0	0	0
加拿大 Canada	114	111	1	0	0	1	0	1	0
新加坡 Singapore	330	310	2	0	0	1	0	17	0
日本 Japan	1905	1852	27	0	2	18	0	4	2
韩国 Korea	1619	1472	13	2	19	2	0	111	0

（续表 cont'd）

	合计 Total	图书 Book	录音制品 Sound Recording	录像制品 Video Recording	电子出版物 Electronic Publication	软件 Software	电影 Film	电视节目 Television Program	其他 Others
中国香港地区 Hong Kong, China	509	354	55	0	13	36	0	51	0
中国澳门地区 Macao, China	7	7	0	0	0	0	0	0	0
中国台湾地区 Taiwan of China	1215	1100	83	1	7	2	0	22	0
其他 Others	1926	1846	18	0	9	42	0	11	0
合同约定出版数量 the Print-run by the Agreement	22 492 605	19 832 558	605 000	1 253 406	0	59 291	0	0	40 000
本年度收入码洋（人民币元） Total Price of Copyrights for This Year (RMB Yuan)	281 669 557.2	291 746 199.2	17 753 120	7 526 186	0	3 880 000	0	0	15 352

表6 2013年全国版权引进情况统计表 （单位：种）
Statistics of Copyright Imported Nationwide in 2013 （unit：type）

	合计 Total	图书 Book	录音制品 Sound Recording	录像制品 Video Recording	电子出版物 Electronic Publication	软件 Software	电影 Film	电视节目 Television Program	其他 Others
合计 Total	18 167	16 625	378	538	72	169	0	381	4
北京 Beijing	9391	9215	0	0	56	120	0	0	0
天津 Tianjin	268	268	0	0	0	0	0	0	0
河北 Hebei	157	157	0	0	0	0	0	0	0
山西 Shanxi	40	40	0	0	0	0	0	0	0
内蒙古 Inner Mongolia	4	4	0	0	0	0	0	0	0
辽宁 Liaoning	343	327	0	2	0	14	0	0	0
吉林 Jilin	229	229	0	0	0	0	0	0	0
黑龙江 Heilongjiang	125	125	0	0	0	0	0	0	0
上海 Shanghai	2442	1730	253	75	6	0	0	378	0
江苏 Jiangsu	541	535	0	0	0	6	0	0	0
浙江 Zhejiang	307	307	0	0	0	0	0	0	0
安徽 Anhui	212	212	0	0	0	0	0	0	0
福建 Fujian	86	76	0	0	0	10	0	0	0
江西 Jiangxi	191	191	0	0	0	0	0	0	0
山东 Shandong	348	348	0	0	0	0	0	0	0
河南 Henan	260	260	0	0	0	0	0	0	0

（续表 cont'd）

	合计 Total	图书 Book	录音制品 Sound Recording	录像制品 Video Recording	电子出版物 Electronic Publication	软件 Software	电影 Film	电视节目 Television Program	其他 Others
湖北 Hubei	462	456	0	0	6	0	0	0	0
湖南 Hunan	559	551	0	0	4	1	0	3	0
广东 Guangdong	731	145	125	461	0	0	0	0	0
广西 Guangxi	301	301	0	0	0	0	0	0	0
海南 Hainan	250	250	0	0	0	0	0	0	0
重庆 Chongqing	270	270	0	0	0	0	0	0	0
四川 Sichuan	120	115	0	0	0	1	0	0	4
贵州 Guizhou	43	43	0	0	0	0	0	0	0
云南 Yunnan	148	148	0	0	0	0	0	0	0
西藏 Tibet	0	0	0	0	0	0	0	0	0
陕西 Shaanxi	294	277	0	0	0	17	0	0	0
甘肃 Gansu	15	15	0	0	0	0	0	0	0
青海 Qinghai	0	0	0	0	0	0	0	0	0
宁夏 Ningxia	17	17	0	0	0	0	0	0	0
新疆 Xinjiang	13	13	0	0	0	0	0	0	0

表7　2013年全国版权执法情况统计表

Statistics of Copyright Law Enforcement in 2013

案件查处 Cases Handled		收缴盗版品 Pirated Product Confiscated	
项目 Item	本年度数量 Numbers of This Year	项目 Item	本年度数量（种）Numbers of This Year（type）
行政处罚数量（件）Numbers of Administrative Punishments（piece）	7019	合计 Total	17 666 712
案件移送数量（件）Numbers of Transferred Cases（piece）	539	书刊 Book and Periodical	6 426 681
检查经营单位数量（个）Numbers of Business Units Checked（unit）	1 032 721	软件 Software	413 632
取缔违法经营单位数量（个）Numbers of Illegal Business Units Tracked Down（unit）	10 208	音像制品 Audio-visual Product	9 921 835
查获地下窝点数量（个）Numbers of Underground Markets Tracked Down（unit）	543	电子出版物 Electronic Publication	272 516
罚款金额（人民币元）Amounts of Fine（RMB Yuan）	14 182 263.58	其他 Others	362 048
		未分类项 Unallocated Items	270 000

（本统计数据由国家版权局版权管理司提供）

Ⅳ

集成电路布图设计

表1　2013年集成电路布图设计登记申请统计表　　（单位：件）

Statistics of Applications for Registration of Layout-design of Integrated Circuits in 2013　（unit：piece）

地区 Region	申请数量 Application
合计 Total	1561
国内 Domestic	1389
北京 Beijing	170
天津 Tianjin	24
河北 Hebei	4
山西 Shanxi	0
内蒙古 Inner Mongolia	0
辽宁 Liaoning	8
吉林 Jilin	0
黑龙江 Heilongjiang	0
上海 Shanghai	283
江苏 Jiangsu	257
浙江 Zhejiang	127
安徽 Anhui	63
福建 Fujian	20
江西 Jiangxi	0
山东 Shandong	34
河南 Henan	2
湖北 Hubei	16

（续表 cont'd）

地区 Region	申请数量 Application
湖南 Hunan	5
广东 Guangdong	236
广西 Guangxi	2
海南 Hainan	0
重庆 Chongqing	11
四川 Sichuan	45
贵州 Guizhou	2
云南 Yunnan	0
西藏 Tibet	0
陕西 Shaanxi	44
甘肃 Gansu	0
青海 Qinghai	0
宁夏 Ningxia	0
新疆 Xinjiang	0
香港 Hong Kong	12
台湾 Taiwan	24
国外 Abroad	172
美国 U.S.A.	166
韩国 Korea	0
开曼群岛 Cayman Islands	6
日本 Japan	0

表2　2013年集成电路布图设计登记发证统计表　　（单位：件）
Statistics of Issued Certificates of Layout-design of Integrated Ciruits in 2013　　（unit：piece）

地区 Region	发证数量 Application
合计 Total	1612
国内 Domestic	1467
北京 Beijing	190
天津 Tianjin	42
河北 Hebei	3
山西 Shanxi	0
内蒙古 Inner Mongolia	0
辽宁 Liaoning	8
吉林 Jilin	0
黑龙江 Heilongjiang	0
上海 Shanghai	334
江苏 Jiangsu	269
浙江 Zhejiang	129
安徽 Anhui	47
福建 Fujian	26
江西 Jiangxi	0
山东 Shandong	32
河南 Henan	2
湖北 Hubei	10

（续表 cont'd）

地区 Region	发证数量 Application
湖南 Hunan	5
广东 Guangdong	229
广西 Guangxi	0
海南 Hainan	0
重庆 Chongqing	11
四川 Sichuan	45
贵州 Guizhou	4
云南 Yunnan	0
西藏 Tibet	0
陕西 Shaanxi	44
甘肃 Gansu	0
青海 Qinghai	0
宁夏 Ningxia	0
新疆 Xinjiang	0
香港 Hong Kong	12
台湾 Taiwan	25
国外 Abroad	145
美国 U.S.A.	139
韩国 Korea	0
开曼群岛 Cayman Islands	6
日本 Japan	0

（本统计数据由国家知识产权局规划统计处提供）

V

农业植物新品种

1999~2013年品种权申请情况汇总表（截至2013.12.31）
Summary of Agricultural PBR's Applications and Grants（From 1999 to Dec.31，2013）

表1　根据植物种类划分的统计表　（单位：件）
Classification by Plant Kind　（unit：piece）

作物种类 Category of Plants		累计总量 Total		2012年申请 Applications in 2012	2013年申请 Applications in 2013
		申请 Application	授权 Grant		
大田作物 申请：9811 授权：3692 Agricultural Crops Applications：9811 Grants：3692	水稻 Rice	3448	1323	418	360
	玉米 Zea Mays	3819	1549	399	419
	普通小麦 Wheat	967	372	94	84
	大豆 Soybean	460	142	61	37
	甘蓝型油菜 Oilseed Rape	258	85	20	24
	花生 Groundnut	131	27	30	29
	甘薯 Sweet Potato	54	10	9	11
	谷子 Foxtail Millet	43	10	4	3
	高粱 Sorghum	48	17	4	5
	大麦属 Barley	82	23	9	18
	苎麻属 Ramie	2	2	0	0
	棉属 Gossypium	428	125	39	60
	亚麻 Linseed	4	1	0	3
	芥菜型油菜 Mustard Rape	1	0	0	0
	蚕豆 Field Bean	11	4	0	4
	绿豆 Murg Bean	11	2	0	5
	芝麻 Sesame	7	0	2	1
	甘蔗属 Sugar Cane	35	0	4	14
	小豆 Adzuki Bean	2	0	0	2
	燕麦 Oats	0	0	0	0

（续表 cont'd）

作物种类 Category of Plants		累计总量 Total		2012年申请 Applications in 2012	2013年申请 Applications in 2013
		申请 Application	授权 Grant		
蔬菜 申请：658 授权：152 Vegetables Applications：658 Grants：152	大白菜 Chinese Cabbage	56	28	6	6
	马铃薯 Potato	77	17	10	6
	普通番茄 Tomato	80	22	9	11
	黄瓜 Cucumber	69	15	18	7
	辣椒属 Capsicum Annuum L.	102	21	11	14
	普通西瓜 Citrullus Lanatus	76	18	9	7
	普通结球甘蓝 Cabbage	32	6	7	4
	食用萝卜 Radish	8	3	1	1
	茄子 Egg Plant	18	6	2	0
	豌豆 Pea	2	0	0	1
	菜豆 French Bean	12	1	2	2
	豇豆 Cow Pea	7	0	3	1
	大葱 Welsh Onion	1	0	0	0
	西葫芦 Squash	16	1	2	2
	花椰菜 Cauliflower	14	1	4	1
	芹菜 Celery	0	0	0	0
	胡萝卜 Radish	0	0	0	0
	白灵侧耳 White King	3	0	0	0
	甜瓜 Melon	33	9	5	4
	草莓 Strawberry	37	4	3	3
	大蒜 Garlic	5	0	0	0
	不结球白菜 Non-heading Chinese Cabbage	8	0	3	2
	苦瓜 Bitter Melon	1	0	0	1
	芥菜 Mustard	1	0	0	1
	芥蓝 Kale	0	0	0	0
	莴苣 Lettuce	0	0	0	0
	冬瓜 Wax Gourd	0	0	0	0

（续表 cont'd）

作物种类 Category of Plants		累计总量 Total 申请 Application	累计总量 Total 授权 Grant	2012年申请 Applications in 2012	2013年申请 Applications in 2013
花卉 申请：834 授权：106 Ornamentals Applications：834 Grants：106	春兰 Chunlan	0	0	0	0
	菊属 Chrysanthemum	216	41	18	23
	石竹属 Carnation	101	14	21	12
	唐菖蒲属 Gladiolus	3	0	0	0
	兰属 Cymbidium	43	10	4	6
	百合属 Lilium L.	96	20	9	12
	鹤望兰属 Strelitzia	0	0	0	0
	补血草属 Limonium	4	0	0	0
	非洲菊 Gerbera	116	20	10	5
	花毛茛 Ranunculus	2	0	0	0
	雁来红 Tricolour amaranth	0	0	0	0
	花烛属 Anthurium Schott	126	1	26	12
	果子蔓属 Guzmania	42	0	2	4
	莲 Lotus	5	0	0	3
	蝴蝶兰属 Phalaenopsis	63	0	15	40
	秋海棠属 Begonia L.	5	0	0	0
	凤仙花 Garden Balsam	2	0	0	0
	非洲凤仙花 Impatiens Walleriana	0	0	0	0
	新几内亚凤仙花 New Guinea Impatiens	10	0	0	0
	万寿菊属 Tagetes	0	0	0	0
	郁金香属 TulipL.	0	0	0	0

（续表 cont'd）

作物种类 Category of Plants		累计总量 Total		2012年申请 Applications in 2012	2013年申请 Applications in 2013
		申请 Application	授权 Grant		
果树 申请：353 授权：68 Fruit Crops Applications：353 Grants：68	梨属 Pyrus	61	16	5	1
	桃 Peach	45	13	18	3
	荔枝 Litchi	1	1	0	0
	苹果属 Malus Mill.	56	11	3	4
	柑橘属 Citrus	45	8	7	14
	香蕉 Banana	4	0	1	2
	猕猴桃属 Kiwifruit	58	13	6	13
	葡萄属 Vitis L.	59	6	19	7
	李 Plum	16	0	4	1
	桑属 Mulberry	7	0	0	1
	龙眼 Longan	0	0	0	0
	枇杷 Loquat	0	0	0	0
	樱桃 Cherry	1	0	0	1
	芒果 Mango	0	0	0	0
牧草 申请：11 授权：0 Pasture Grass Applications：11 Grants：0	紫花苜蓿 Lucerne	4	0	0	0
	草地早熟禾 Kentucky Bluegrass	4	0	0	0
	酸模属 Dock	2	0	0	0
	柱花草属 Stylus	1	0	0	0
其他 申请：43 授权：0 Others Applications：43 Grants：0	华北八宝 Hylotelephium tatarinowii	0	0	0	0
	橡胶树 Rubber	6	0	0	6
	茶组 Tea Plant	27	0	2	5
	木薯 Cassava	0	0	0	0
	人参 Ginseng	5	0	3	0
	三七 Notoginseng	0	0	0	0
	烟草 Cigarettes	5	0	0	5
合计 Total		11 710	4018	1361	1333

表2　根据单位性质划分的统计表　（单位：件）

Classification by Character of Units　（unit：piece）

单位性质 Character of Units	总计 Total		2012年申请 Applications in 2012	2013年申请 Applications in 2013
	申请 Application	授权 Grant		
国内科研 Domestic Research Institutes	5151	2113	485	494
国内企业 Domestic Enterprises	4253	1313	584	618
国内教学 Domestic Teaching Institutes	882	325	116	65
国内个人 Domestic Individual	663	175	73	52
国外科研 Foreign Research Institutes	18	0	8	3
国外企业 Foreign Enterprises	681	89	89	98
国外教学 Foreign Teaching Institutes	22	2	2	1
国外个人 Foreign Individual	40	1	4	2
合计 Total	11 710	4018	1361	1333

表3 根据地区划分的统计表
Classification by Region

（单位：件）
（unit：piece）

	排名 Ranking	地区 Region	总计 Total		2012年申请 Applications in 2012	2013年申请 Applications in 2013
			申请 Application	授权 Grant		
国内 Domestic	1	北京 Beijing	938	190	136	136
	2	山东 Shandong	902	346	102	83
	3	河南 Henan	893	329	91	70
	4	四川 Sichuan	845	444	61	67
	5	江苏 Jiangsu	828	306	97	93
	6	黑龙江 Heilongjiang	668	210	93	72
	7	吉林 Jilin	654	307	55	37
	8	安徽 Anhui	563	108	95	139
	9	河北 Hebei	522	210	74	32
	10	云南 Yunnan	520	106	68	79
	11	辽宁 Liaoning	504	272	30	31
	12	湖南 Hunan	436	188	39	50
	13	浙江 Zhejiang	291	85	38	64
	14	湖北 Hubei	264	97	27	25
	15	广东 Guangdong	255	71	32	36
	16	福建 Fujian	245	94	22	37
	17	上海 Shanghai	224	41	37	42
	18	广西 Guangxi	185	94	17	14
	19	内蒙古 Inner Mongolia	171	75	17	15

（续表 cont'd）

	排名 Ranking	地区 Region	总计 Total		2012年申请 Applications in 2012	2013年申请 Applications in 2013
			申请 Application	授权 Grant		
国内 Domestic	20	贵州 Guizhou	153	46	14	4
	21	陕西 Shaanxi	142	53	21	11
	22	新疆 Xinjiang	132	40	5	21
	23	山西 Shanxi	126	55	6	13
	24	重庆 Chongqing	123	46	20	15
	25	天津 Tianjin	106	20	28	16
	26	江西 Jiangxi	99	45	10	2
	27	甘肃 Gansu	74	17	16	7
	28	海南 Hainan	44	21	4	10
	29	宁夏 Ningxia	25	8	4	4
	30	青海 Ningxia	10	2	0	1
	31	台湾 Taiwan	5	0	5	0
	32	西藏 Tibet	5	0	0	5
国外 Foreign	1	荷兰 Netherlands	290	51	40	34
	2	美国 U.S.A.	216	9	31	49
	3	韩国 Korea	83	5	8	1
	4	日本 Japan	55	19	4	1
	5	德国 Germany	27	3	8	0
	6	比利时 Belgium	14	0	0	0
	7	新西兰 New Zealand	13	1	2	3

（续表 cont'd）

	排名 Ranking	地区 Region	总计 Total		2012年申请 Applications in 2012	2013年申请 Applications in 2013
			申请 Application	授权 Grant		
国外 Foreign	8	西班牙 Spain	13	2	0	0
	9	澳大利亚 Australia	10	2	1	5
	10	意大利 Italy	10	0	1	0
	11	瑞士 Switzerland	8	0	1	7
	12	法国 France	7	0	0	0
	13	以色列 Israel	6	0	0	0
	14	英国 U.K.	2	0	0	1
	15	南非 South Africa	1	0	0	0
	16	希腊 Greece	1	0	0	0
	17	智利 Chile	1	0	0	1
	18	爱尔兰 Ireland	1	0	1	0
合计 Total			11 710	4018	1361	1333

表4　国外植物新品种申请情况明细表（1999~2013）　　（单位：件）

Statistics of Application for Foreign Plant Variety Rights（1999-2013）（unit：piece）

申请地区 Area	植物种类 Category of Plants	1999~2012年申请 Applications from 1999 to 2012	2013年申请 Application in 2013
荷兰（申请290件） Netherlands（290）	百合属 Lilium L.	47	4
	菊属 Chrysanthemum	45	13
	非洲菊 Gerbera	10	0
	石竹属 Dianthus L.	18	2
	茄子 Egg Plant	4	0
	马铃薯 Potato	16	5
	普通番茄 Tomato	3	1
	梨属 Pyrus	1	0
	辣椒属 Pepper	6	1
	花烛属 Anthurium Schott	75	1
	果子蔓属 Guzmania	16	4
	秋海棠属 Begonia L.	5	0
	蝴蝶兰属 Phalaenopsis	10	0
	普通结球甘蓝 Cabbage	0	3
美国（申请220件） U.S.A.（220）	玉米 Zea Mays	132	51
	草莓 Strawberry	12	0
	葡萄属 Vitis L.	12	2
	苹果属 Malus Mill.	3	0
	普通番茄 Tomato	5	0
	辣椒属 Pepper	3	0

（续表 cont'd）

申请地区 Area	植物种类 Category of Plants	1999~2012年申请 Applications from 1999 to 2012	2013年申请 Application in 2013
韩国（申请83件） Korea（83）	梨属 Pyrus	24	0
	葡萄属 Vitis L.	7	0
	苹果属 Malus Mill.	7	0
	玉米 Zea Mays	2	0
	唐菖蒲属 Gladiolus	1	0
	菊属 Chrysanthemum	22	0
	水稻 Rice	2	0
	桃 Peach	2	0
	甘薯 Sweet Potato	2	0
	马铃薯 Potato	2	0
	人参 Ginseng	4	0
	猕猴桃属 Kiwifruit	2	0
	草莓 Strawberry	2	0
	兰属 Cymbidium	3	1
日本（申请50件） Japan（50）	苹果属 Malus Mill.	2	0
	兰属 Cymbidium	10	0
	菊属 Chrysanthemum	7	1
	水稻 Rice	13	0
	草莓 Strawberry	3	0
	辣椒属 Pepper	1	0
	甜瓜 Melon	1	0

（续表 cont'd）

申请地区 Area	植物种类 Category of Plants	1999~2012年申请 Applications from 1999 to 2012	2013年申请 Application in 2013
	桃 Peach	1	0
	普通番茄 Tomato	1	0
	新几内亚凤仙花 New Guinea Impatiens	10	0
德国（申请28件） Germany（28）	梨属 Pear	3	0
	菊属 Chrysanthemum	5	0
	李 Plum	2	0
	玉米 Zea Mays	15	0
	水稻 Rice	2	0
	苹果属 Malus Mill.	1	0
西班牙（申请13件） Spain（13）	石竹属 Carnation	7	0
	草莓 Strawberry	2	0
	柑橘属 Citrus	4	0
比利时（申请14件） Belgium（14）	苹果属 Apple	4	0
	果子蔓属 Guzmania	10	0
意大利（申请10件） Italy（10）	石竹属 Dianthus L.	2	0
	草莓 Strawberry	4	0
	梨属 Pyrus	1	0
	葡萄属 Vitis L.	1	0
	苹果属 Malus Mill.	1	0
	猕猴桃属 Kiwifruit	1	0

（续表 cont'd）

申请地区 Area	植物种类 Category of Plants	1999~2012年申请 Applications from 1999 to 2012	2013年申请 Application in 2013
新西兰（申请13件） New Zealand（13）	苹果属 Malus Mill.	5	1
	猕猴桃属 Kiwifruit	5	2
法国（申请7件） France（7）	草莓 Strawberry	1	0
	马铃薯 Potato	5	0
	苹果 Apple	1	0
以色列（申请6件） Israel（6）	非洲菊 Gerbera	4	0
	普通番茄 Tomato	2	0
澳大利亚（申请10件） Australia（10）	苹果属 Malus Mill.	3	1
	大麦属 Hordcum L.	2	0
	李 Plum	0	1
	柑橘属 Citrus	0	3
南非（申请1件） South Africa（1）	柑橘属 Citrus	1	0
英国（申请2件） U.K.（2）	苹果属 Malus Mill.	1	0
	马铃薯 Potato	0	1
希腊（申请1件） Greece（1）	猕猴桃属 Kiwifruit	1	0
爱尔兰（申请1件） Ireland（1）	马铃薯 Potato	1	0
瑞士（申请8件） Switzerland（1）	玉米 Zea Mays	0	6
	普通西瓜 Citrullus Lanatus	1	0
	普通番茄 Tomato	0	1
智利（申请1件） Chile（1）	葡萄属 Vitis L.	0	1
合　计（件） Total	758	652	106

（本统计数据由农业部植物新品种保护办公室提供）

Ⅵ

林业植物新品种

1999~2013年林业植物新品种权申请和授权汇总表（截至2013年12月31日）
Statistics of Forestry PBR's Applications and Grants，1999-2013（up to Dec.31，2013）

表1　根据植物种类划分的统计表　（单位：件）
Classification by Plant Kind　（unit：piece）

植物种类 Category of plants	累计总量 Total		2013年申请 Applications in 2023	2012年同期申请 The Same Term of 2012
	申请 Application	授权 Grant		
林木 Forest	232	159	44	54
经济林 Economic Forest	108	58	36	4
木本观赏植物 Woody Ornamental	908	430	95	161
竹 Bamboo	3	2	1	1
木质藤本 Woody Rattan	2	2	0	0
其他 Others	8	7	1	2
合计 Total	1261	658	177	222

表2　根据申请人性质划分的品种权申请统计表　（单位：件）
Applications Classification by Kind of Applicants　（unit：piece）

申请人 Applicant / 植物种类 Category of Plants	科研 Institute	教学 Education	个人 Individual	公司 Company	公园 Park	其他 Others	合计 Total
林木 Forest	92	68	32	37	2	1	232
经济林 Economic Forest	40	20	12	31	1	4	108
木本观赏植物 Woody Ornamental	115	104	134	429	123	3	908
竹 Bamboo	2	1	0	0	0	0	3
木质藤本 Woody Rattan	2	0	0	0	0	0	2
其他 Others	6	1	1	0	0	0	8
合计 Total	257	194	179	497	126	8	1261

表3 根据国内外申请人划分的品种权申请统计表 （单位：件）
Applications Classification by Applicants from Domestic or Abroad （unit：piece）

申请人 Applicant	年度申请量 Application Number per Year															
	1999	2000	2001	2002	2003	2004	2005	2006	2007	2008	2009	2010	2011	2012	2013	总计 Total
国内 Domestic	181	7	8	13	14	17	41	22	35	57	62	85	123	196	169	1030
国外 Foreign	1	4	2	4	35	19	32	29	26	20	5	4	16	26	8	231
总 计 Total	182	11	10	17	49	36	73	51	61	77	67	89	139	222	177	1261

表4 根据国外申请人国别划分的品种权申请统计表 （单位：件）
Applications Classification by Nationality of Foreign Applicants （unit：piece）

植物名录 Genera or Species	申请量 Application Number											合计 Total
	日本 Japan	荷兰 Netherlands	比利时 Belgium	德国 Germany	法国 France	美国 U.S.A.	英国 U.K.	丹麦 Denmark	韩国 Korea	塞浦路斯 Cyprus	意大利 Italy	
蔷薇属 Rose L.	0	63	1	52	35	0	23	2	2	2	4	179
杜鹃花属 Rhododendron L.	0	0	6	0	0	0	0	0	0	0	0	6
大戟属 Euphorbia L.	0	0	0	23	0	8	0	0	0	0	0	31
杏 Prunus Armeniaca	0	0	0	0	0	2	0	0	0	0	0	2
樟属 Cinnamomum Trew	1	0	0	0	0	0	0	0	0	0	0	1
紫金牛属 Ardisia Japonica	0	1	0	0	0	0	0	0	0	0	0	1
柿 Diospyros Kaki	0	0	0	0	0	0	0	0	1	0	0	1
松属 Pinus L.	0	0	0	0	0	0	0	0	1	0	0	1
石榴属 Punica L.	0	0	0	0	0	1	0	0	0	0	0	1
榕属 Ficus L.	0	3	0	0	0	1	0	0	0	0	0	1
合 计 Total	1	67	7	75	35	12	23	2	4	2	4	224

（本统计数据由国家林业局植物新品种保护办公室提供）

Ⅶ

海关知识产权保护

表1　2013年海关知识产权执法基本情况统计
Statistics of Overall Customs Protection of Intellectual Property Rights in 2013

	中止放行货物 Seizure	实际扣留货物 Protection
批次 Shipment	23 686	20 464
货物数量 Quantity（piece/pair）	281 247 159	75 945 594

表2　2013年海关扣留侵权嫌疑货物类型统计
Statistics of Infringement Types of Intellectual Property Rights of Seized Goods in 2013

知识产权类型 Right	货物数量（件/双） Quantity（piece/pair）	占比 Percent
合计 Total	75 945 594	
商标专用权 Trademark	74 808 041	98.5%
著作权 Copyright	604 788	0.8%
专利权 Patent	532 315	0.8%

表3　2013年海关扣留侵权嫌疑货物流向统计
Statistics of Seizures of Infringing Goods Imported and Exported in 2013

商品类别 Type	批次 Shipment	占比 Percent	货物数量（件/双） Quantity（piece/pair）	占比 Percent
合计 Total	20 464		75 945 594	
进口 Import	679	3.3%	452 648	0.6%
出口 Export	19 787	96.7%	75 492 946	99.4%

表4 2013年海关扣留侵权嫌疑货物商品类别统计
Statistics of Categories of Infringing Goods Seized by Customs Authorities in 2013

商品类别 Type	货物数量（件/双） Quantity（piece/pair）	占比 Percent
其他 Others	19 307 187	25.42%
烟草 Cigarettes	15 390 569	20.27%
其他轻工产品 Light Industry Products	14 095 842	18.56%
五金机械 Hardware	9 558 063	12.59%
化妆、个人护理用品 Cosmetic	5 479 495	7.22%
其他机电产品 Other Madinery and Electronic Products	3 930 706	5.18%
服装 Apparel	2 394 035	3.15%
鞋类 Footwear	1 222 619	1.61%
食品饮料 Food & Beverages	706 160	0.93%
通讯设备 Communication Apparatus	707 149	0.93%
药品 Pharmaceuticals	673 189	0.89%
箱包及皮革制品 Bag & Leatherware	543 257	0.72%
汽车、摩托车 Automobile	518 899	0.68%
玩具游戏 Toys & Games	433 367	0.57%
帽类 Headwear	389 124	0.51%
存储介质 Storage Medium	296 705	0.39%
手表 Watch	171 184	0.23%
运动器具 Sports Equipments	114 884	0.15%
珠宝首饰 Jewelry	12 978	0.02%
医疗器械 Medicine and Medical Appliance	182	0.00%

表5　2013年海关扣留侵权嫌疑货物运输方式统计
Statistics of Transportation Means of Infringing Goods in 2013

	邮递 Post	快件 Express	海运 Sea	航空 Airport	汽车 Auto	铁路 Railway	其他 Others
批次 Shipment	14 391	2226	2403	669	308	57	420
占比	70.3%	10.9%	11.7%	3.3%	1.5%	0.3%	2.1%
货物数量（件）Quantity（piece）	144 829	1 073 065	73 008 791	1 022 517	273 854	68 669	355 169
占比	0.2%	1.4%	96.1%	1.4%	0.4%	0.1%	0.5%

表6　2013年海关执法模式统计
Statistics of Types of Enforcement Actions by Customs Authorities in 2013

执法模式 Type	批次 Shipment	占比 Percent	货物数量（件/双）Quantity（piece/pair）	占比 Percent
依职权扣留 by Authority	20 426	99.8%	75 454 723	93.3%
依申请扣留 by Application	38	0.2%	490 871	6.7%

（本统计数据由海关总署政策法规司知识产权处提供）

Ⅶ

Ⅷ

知识产权司法保护

2013年全国法院受理和审结各类知识产权案件统计表
Statistics of Intellectual Property Cases Accepted and Concluded by the People's Courts Nationwide in 2013

项目 Item	2013年 Year 2013
1.全国地方法院刑事案件 Criminal Cases Nationwide	
新收一审案件（件） Instance Cases Accepted（piece）	9331
审结一审案件（件） Instance Cases Concluded（piece）	9212
生效判决人数（人） Effective Judgement（person）	13 424
给予刑事处罚（人） Criminal Punishment （person）	13 265
侵犯知识产权犯罪（件） Criminal Cases Infringing Intellectual Property Rights （piece）	4957
假冒注册商标罪 Criminal Cases Counterfeiting Registered Trademarks（piece）	1546
销售假冒注册商标的商品罪 Criminal Cases Saling Counterfeit Trademark Goods（piece）	1496
非法制造、销售非法制造的注册商标标识罪 Criminal Cases of Illegal Manufacture,Sale of Illegal Manufacture of Registered Trademarks（piece）	350
假冒专利罪 Criminal Case Counterfeiting Patents	1
侵犯著作权罪 Criminal Case Infringing Copyrights	1499
销售侵权复制品罪 Criminal Case Selling Infringing Copies	15
侵犯商业秘密罪 Criminal Case Violating Trade Secrets	50
生产、销售伪劣商品犯罪（涉及侵犯知识产权）（件） Crimes of Manufacture and Distribution of Goods with Inferior Quality（Infringing Intellectual Property Rights）（piece）	2390
非法经营犯罪（涉及侵犯知识产权）（件） Crimes of Illegal Business Operations（Infringing Intellectual Property Right）（piece）	1712

（续表 cont'd）

项目 Item	2013年 Year 2013
其他犯罪（涉及侵犯知识产权）（件） Other Crimes（Infringing Intellectual Property Rights）（piece）	153
2.全国地方法院行政案件 Administrative Cases Nationwide	
新收一审案件（件） Instance Cases Accepted（piece）	2886
审结一审案件（件） Instance Cases Concluded（piece）	2901
新收专利案件（件） Patent Cases Accepted（piece）	697
同比下降（%） Year-on -year Decrease（%）	8.29
新收商标案件（件） Other Cases Accepted（piece）	2161
同比增长（%） Year-on-year Growth（%）	0.51
新收著作权案件（件） Copyright Cases Accepted（piece）	3
同比增长（%） Year-on-year Growth（%）	0
新收其他案件（件） Other Cases Accepted（piece）	25
同比增长（%） Year-on-year Growth（%）	66.67
3.全国地方法院民事案件 Civil Cases Nationwide	
新收一审案件（件） First Instance Cases Accepted（piece）	88 583
同比增长（%） Year-on-year Growth（%）	1.33
专利案件（件） Patent Cases Accepted（piece）	9195
同比下降（%） Year-on-year Growth（%）	5.01
商标案件（件） Trademark Cases Accepted（piece）	23 272
同比增长（%） Year-on-year Growth（%）	17.45

（续表 cont'd）

项目 Item	2013年 Year 2013
著作权案件（件） Copyright Cases Accepted（piece）	51 351
同比下降（%） Year-on -year Decrease（%）	4.64
技术合同案件（件） Technology Contract Cases Accepted（piece）	949
同比增长（%） Year-on-year Growth（%）	27.21
竞争案件（件） Unfair Competition Cases Accepted（piece）	1302
同比增长（%） Year-on-year Growth（%）	15.94
其中垄断民事一审案件 First Instant Antimonopoly Civil Case	72
其他知识产权案件（件） Other Intellectual Property Cases Accepted（piece）	2514
同比增长（%） Year-on-year Growth（%）	13.91
审结一审案件（件） First Instance Cases Concluded（piece）	88 286
同比增长（%） Year-on-year Growth（%）	5.29
涉外案件（件） Foreign Related Cases Concluded（piece）	1697
同比增长（%） Year-on-year Growth（%）	18.75
涉港澳台案件（件） Cases Involving Parties from Hong Kong,China; Macao,China and Taiwan of China Concluded（piece）	483
同比下降（%） Year-on -year Decrease（%）	21.21
新收二审案件（件） Second Instance Cases Accepted（piece）	11 957
同比增长（%） Year-on-year Growth（%）	24.8
审结二审案件（件） Second Instance Cases Concluded（piece）	11 553
同比增长（%） Year-on-year Growth（%）	24.33

（续表 cont'd）

项目 Item	2013年 Year 2013
新收再审案件（件） Retrial Cases Accepted（piece）	75
同比下降（%） Year-on -year Decrease（%）	56.4
审结再审案件（件） Retrial Cases Concluded（piece）	96
同比下降（%） Year-on -year Decrease（%）	56.95
4.最高人民法院知识产权审判庭案件 Case of the Supreme Court	
新收知识产权民事案件（件） Civil Cases Accepted（piece）	457
审结知识产权民事案件（件） Civil Cases Concluded（piece）	417
新收知识产权行政申诉案件（件） Administrative Cases Accepted（piece）	117
审结知识产权行政申诉案件（件） Administrative Cases Concluded（piece）	104
新收知识产权行政提审案件（件） Retrial Administrative Cases Accepted（piece）	19
审结知识产权行政提审案件（件） Retrial Administrative Cases Concluded（piece）	19

（本统计数据由最高人民法院知识产权审判庭提供）